I N V E S T I G A Ç Ã O

IMPRENSA DA UNIVERSIDADE DE COIMBRA
COIMBRA UNIVERSITY PRESS

EDIÇÃO
Imprensa da Universidade de Coimbra
Email: imprensa@uc.pt
URL: http//www.uc.pt/imprensa_uc
Vendas online: http://livrariadaimprensa.uc.pt

COORDENAÇÃO EDITORIAL
Imprensa da Universidade de Coimbra

CONCEÇÃO GRÁFICA
Imprensa da Universidade de Coimbra

INFOGRAFIA
PMP

INFOGRAFIA DA CAPA
Mickael Silva

EXECUÇÃO GRÁFICA
CreateSpace

ISBN
978-989-26-1445-8

ISBN DIGITAL
978-989-26-1446-5

DOI
https://doi.org/10.14195/978-989-26-1446-5

OBRA PUBLICADA COM O APOIO DE

POCI-01-0145-FEDER-006986

© SETEMBRO 2017, IMPRENSA DA UNIVERSIDADE DE COIMBRA

ANA PAULA LOUREIRO
CONCEIÇÃO CARAPINHA
CORNELIA PLAG
(COORDS.)

IMPRENSA DA
UNIVERSIDADE
DE COIMBRA
COIMBRA
UNIVERSITY
PRESS

MARCADORES DISCURSIVOS E(M) TRADUÇÃO

SUMÁRIO

Nota prévia 7

Apresentação 11

Metadiscursive functions and discourse markers in L2 Italian
Margarita Borreguero Zuloaga, Paloma Pernas Izquierdo,
Eugenio Gillani 15

Los marcadores discursivos y otros mecanismos de enlace
de oraciones en el discurso
María Victoria Pavón Lucero 59

Cuestiones retórico-traductológicas de los marcadores del discurso
(y de su ausencia), ejemplificadas en la traducción española
de *Atemschaukel* (Herta Müller).
Alberto Gil 75

O marcador discursivo 'sim' em Português Europeu Contemporâneo:
contributos para a sua tradução em Inglês
Sara Sousa 91

Traduções alemãs do marcador 'aliás' – uma análise
do *corpus* Europarl
Cornelia Plag, Ana Paula Loureiro, Conceição Carapinha 105

Índice remissivo 135

NOTA PRÉVIA

Este primeiro volume, intitulado *Marcadores Discursivos e(m) Tradução (MarDisT)*, reúne, entre outros, os trabalhos apresentados no 1.º e no 2.º Colóquios MarDisT (MarDisT e MarDisT 2), que tiveram lugar na Faculdade de Letras da Universidade de Coimbra, nos dias 20 de novembro de 2015 e 18 de novembro de 2016, e que reuniram diversos especialistas na área.

A sua edição tem os seguintes objetivos: (i) difundir o projeto homónimo e assinalar a sua forte dimensão internacional, construída ora, naturalmente, na própria definição da área de trabalho, ora através da rede de relações e contactos que vai instituindo; (ii) constituir um espaço de divulgação dos trabalhos desenvolvidos no âmbito do projeto.

Sediado no centro de investigação CELGA-ILTEC e integrado na linha de investigação *Bridging Communities* (http://celga.iltec.pt/projects/mardist.html), o Projeto MarDisT foi pensado para proporcionar um espaço de discussão e partilha de ideias no âmbito de uma área interdisciplinar escassamente trabalhada e com aplicação prática evidente: a abordagem dos marcadores discursivos em contexto de tradução. Apesar da rica produção de estudos com enfoque nos marcadores discursivos, a relevância destes elementos na e para a tradução não tem merecido a devida atenção. Estes itens linguísticos invariáveis – que desempenham funções diversas, embora quase sempre de natureza discursivo-pragmática, revelam-se especialmente recalcitrantes a uma tradução padronizada. Constituindo elementos coesivos importantes, a sua tradução exige cuidado redobrado, tendo em conta a sua polifuncionalidade e a sua extrema sensibilidade às variações co- e contextuais. Aliás, este seu estatuto *fuzzy* dificulta, como se sabe, o seu tratamento lexicográfico, pelo que, não raro, os dicionários ficam aquém das necessidades dos tradutores/intérpretes.

Foi na confluência de todas estas questões que o projeto MarDisT nasceu, com o objetivo de analisar/investigar o comportamento dos marcadores discursivos no âmbito da Tradução/Interpretação e de propor os trabalhos iniciais que, mais tarde, conduzam à elaboração, online, de um dicionário contrastivo de marcadores discursivos que possa tornar-se uma ferramenta útil para tradutores e intérpretes. Concomitantemente, deseja-se, a longo prazo, que este dicionário possa vir a ser permanentemente atualizado, considerando não apenas a dinâmica das línguas, mas também recebendo o *feedback* permanente dos próprios profissionais da tradução, assim instados a colaborar, ainda que indiretamente, no projeto. Pretende-se, desta forma, que este espaço constitua, a montante, uma forma de interação entre investigadores oriundos de vários quadros teóricos, bem como de diferentes países, e se constitua, a jusante, como elo de ligação com/entre os reais utilizadores do dicionário, ligando assim a investigação académica à vida prática.

Em simultâneo, houve o cuidado de envolver os estudantes de Mestrado e de Doutoramento no Projeto, concretizando-se assim a vertente formativa que esteve também presente na sua génese; com efeito, e por um lado, é desejável que o domínio da investigação se articule com o contexto profissional futuro dos formandos; por outro lado, é importante que este Projeto de investigação, levado a cabo no âmbito de um Centro de Investigação, mobilize os alunos da pós-graduação logo desde as fases iniciais, de modo a gerar massa crítica e trabalhos na área que potenciem maior conhecimento, que tragam resultados originais e de qualidade, suscetíveis de divulgação em encontros internacionais.

Uma palavra de reconhecimento deve ser dirigida aos membros da Comissão Científica deste volume, a quem agradecemos os pareceres emitidos e o valioso contributo que deram, com os seus comentários e sugestões, à versão final desta obra.

Estamos também muito gratas à Tânia Santos Ferreira, por todo o trabalho realizado.

Gostaríamos ainda de endereçar um especial agradecimento à Imprensa da Universidade de Coimbra, que tornou possível a edição desta obra.

Coimbra, maio de 2017

Cornelia Plag
Ana Paula Loureiro
Conceição Carapinha

Apresentação

Os trabalhos aqui compilados congregam autores diversos que apresentam perspetivas diferentes aplicadas ao mesmo objeto de estudo – os marcadores discursivos. Embora o tópico constitua um elemento agregador, os estudos apresentados revelam reflexões distintas que, esperamos, venham a suscitar o interesse na área e a incentivar novas pesquisas.

Através de uma abordagem onomasiológica, **Margarita Borreguero Zuloaga, Paloma Pernas Izquierdo e Eugenio Gillani** analisam, no texto intitulado "Metadiscursive functions and discourse markers in L2 Italian", a aquisição de marcadores discursivos na aprendizagem de línguas estrangeiras. O artigo debruça-se sobre as funções discursivas ativadas pelos falantes nativos de espanhol (de três níveis distintos) na aprendizagem de italiano como L2 e na forma como essas funções discursivas são, ou não, verbalizadas através de MD. A análise procura ainda descobrir quais os MD preferencialmente usados por estes aprendentes no processo de aquisição de italiano. A partir de um *corpus* constituído por 36 conversações, ocorridas entre aprendentes, e entre aprendentes e um professor nativo, o estudo ilustra as divergências e as convergências entre nativos e não nativos relativamente ao uso de MD. Os autores argumentam que esta perspetiva onomasiológica oferece uma panorâmica dos diferentes estádios no processo de aquisição de MDs e permite ainda perceber quais as funções discursivas adequadamente adquiridas, bem como aquelas cuja aquisição é difícil em qualquer um dos níveis de aprendizagem.

María Victoria Pavón Lucero, num texto intitulado "Los marcadores discursivos y otros mecanismos de enlace de oraciones en el discurso", propõe-nos uma reflexão em torno da delimitação do conceito de marcador discursivo, tendo em conta o que o distingue de outros conjuntos de mecanismos que operam na articulação de orações para formar discurso. Situando o seu estudo «a medio camino entre la sintaxis de la oración y el análisis del discurso» e colocando a tónica na questão dos limites entre estes dois planos de análise, Pavón Lucero compara, com base em exemplos concretos, o comportamento dos marcadores discursivos, tradicionalmente definidos a partir de critérios textuais, com o comportamento de elementos de coordenação e subordinação, aos quais se atribui tipicamente um papel no âmbito da sintaxe da oração.

No texto intitulado "Cuestiones retórico-traductológicas de los marcadores del discurso (y de su ausencia), ejemplificadas en la traducción española de *Atemschaukel* (Herta Müller)", **Alberto Gil Arroyo** aborda o papel dos MD no texto literário e a dificuldade em traduzi-los noutra língua, argumentando que é difícil manter os matizes estilísticos do texto original. Discutindo a relação entre hermenêutica e criatividade, o autor equaciona o papel do tradutor na tradução do texto literário e examina a complementaridade entre o processo tradutivo e o interpretativo. A obra alemã *Atemschaukel*, dotada de uma especial dimensão poética, e a sua tradução em língua espanhola constituem objeto de análise do autor e permitem-lhe procurar as soluções tradutivas encontradas para os MD presentes na obra original. A análise efetuada permitiu constatar não apenas a diversidade dos recursos adotados, mas sobretudo comprovar os desequilíbrios poéticos gerados por algumas dessas opções.

O marcador discursivo 'sim' constitui o objeto de análise do texto de **Sara Sousa**. No texto "O marcador discursivo 'sim' em Português Europeu Contemporâneo: contributos para a sua tradução em inglês", a autora carateriza 'sim' como marcador de valor refutativo-retificativo e assinala a importância da manutenção deste valor no processo de tradução, ao mesmo tempo que constata a inexistência de um equivalente direto em língua inglesa. A análise de enunciados extraídos do *corpus* Europarl, bem como das respetivas traduções para aquela língua, dá conta das dificuldades dos tradutores em traduzir o marcador, das estruturas preferenciais a que recorrem para manter o seu valor e dos desvios gerados que parecem decorrer, segundo a autora, das condições de trabalho dos profissionais da tradução no Parlamento Europeu, isto é, das constrições que enformam a tradução simultânea.

O último texto desta coletânea, intitulado "Traduções alemãs do marcador 'aliás'– uma análise do corpus Europarl", da autoria de **Cornelia Plag**, **Ana Paula Loureiro** e **Conceição Carapinha**, apresenta uma caraterização dos diferentes valores de 'aliás' em português europeu contemporâneo. As autoras argumentam que essas funções podem atuar no plano do 'dizer', através da operação de reformulação-retificação, mas também no plano do 'dito', através da operação de adição de informação, e constatam que os valores do marcador surgem frequentemente amalgamados. A análise de um *corpus* alargado, constituído por traduções realizadas no Parlamento Europeu, permite evidenciar os possíveis equivalentes alemães da partícula, ao mesmo tempo que comprova a dificuldade/a impossibilidade de encontrar, na língua de chegada, uma expressão que combine o *cluster* de valores que 'aliás' pode ter em português.

METADISCURSIVE FUNCTIONS AND DISCOURSE MARKERS IN L2 ITALIAN

Margarita Borreguero Zuloaga
(Universidad Complutense de Madrid)
mbzuloag@filol.ucm.es

Paloma Pernas Izquierdo
(Escuela Oficial de Idiomas – Segovia)
paloma.pernasizquierdo@gmail.com

Eugenio Gillani
(Escuela Oficial de Idiomas – Alcalá de Henares)
eugillani@gmail.com

Abstract: The onomasiological approach (from function to form) to the study of the acquisition of discourse markers in L2 proposed here takes discursive functions as a starting point and analyses which strategies are employed by the learners to convey those functions. In this paper this theoretical approach is briefly presented and illustrated with some metadiscursive functions found in a corpus of Spanish speakers of L2 Italian and a corpus of L1 Italian speakers. Its main advantage is that it offers a complex picture of the acquisitional process that goes beyond lexical acquisition of these units and allows for a global understanding of the dynamics of learner varieties.

Key words: Discourse markers, L2 acquisition, metadiscursive functions, onomasiological approach, code-switching.

DOI: http://dx.doi.org/10.14195/978-989-26-1445-8_1

1. Discourse markers in Romance Second Language Acquisition: previous research

Although research on the presence and role of discourse markers (DM) in Second Language Acquisition, and particularly in the case of Romance Languages, does not go back more than 20 years there are already some well-established facts upon which most researchers agree. What has been observed to date is that DMs appear from the first stages of language acquisition (Andorno 2007, 2008; Bardel 2002, 2003; Bini & Pernas 2007; Diao-Klaeger & Thoerle 2013) and their number rises throughout the acquisitional process (Guil 2015, Pauletto & Bardel 2015 for L2 Italian; Pascual Escagedo 2015 for L2 Spanish; Hancock & Sanell 2010 for French). The first DM to emerge in the interlanguage are those phonetically similar to the ones in the L1 and those phonetically 'light' (one syllable or maximum two syllables) such as Italian *sì, no, ok, bene, ma,* French *oui, non, si, bien, alors,* Spanish *sí, no, vale, pues*. In intermediate and advanced levels there is an enrichment of lexical units functioning as DMs, mainly connectives but also those linked to politeness strategies such as mitigation and intensification (Guil *et al.* 2008). However, pragmatic competence seems to improve at a slower rate than lexical and morphosyntactic competence (e.g. use of verbal tenses) and some DMs are completely absent or scarcely found in the interlanguage and therefore experts talk about a 'fossilization' process when compared to acquisitional paths in L1 (Romero Trillo 2002). This fossilization concerns not only the lexical level but also the prosodic and the functional level, i.e. the fact that some of these DMs are never pronounced in spoken discourse with the right intonation or adjustment of the intonation to the function[1] and the fact

---

[1] In the field of prosody in L2 acquisition there is still a long way to go. An excellent first step in this direction is De Meo and Pettorino (2012), although it contains no article devoted to the prosodic acquisition of DMs.

that learners do not attribute exactly the same functions to these DMs as native speakers (NS): either less functions or, more frequently, more and different functions from the ones the DMs fulfill in L1.

The research we present here is mainly centered on this last aspect: functional symmetries and asymmetries in L1 and L2's uses of DMs. We are convinced that the functional approach is more fruitful in acquisitional research than the lexical approach as it does not determine a previous inventory of DMs and allows the researcher to find not only how many DMs are used to convey a certain function at each level but also to discover what other strategies a learner may be using to convey that function (paralinguistic cues, repetition, mimicking, etc.). Thus in this study we will adopt an onomasiological approach to try to find out which discursive functions are activated by Spanish learners in their process of learning Italian as a second language and, when these functions are carried out using DMs, which DMs are chosen in each case.

The assignment of discursive functions to DMs is based on the taxonomy of discursive functions presented in López Serena and Borreguero (2010) and revised in Borreguero (2015). Thus after a general presentation of the database of the study (2), we will briefly describe this taxonomy (3.1) to focus later only on the metadiscursive function and present the data about DMs related to different metadiscursive functions found in our corpus (3.2).

2. Aims and methodology of the research

This article will show some partial results obtained in a long--term complex study about the acquisition of Italian DMs by Spanish NS. The initial aim of this research (which has been conducted by the members of the A.Ma.Dis. Research group and developed through different financed research projects since

2006[2]) was to assess the acquisition of textual strategies in spoken competence in L2 Italian by a group of learners whose mother--tongue was Spanish, i.e. a closely related language. Among these textual strategies we have studied politeness strategies (Guil et al. 2010), interruptions (Borreguero & Pernas 2010) and modifications of word order with pragmatic purposes (Borreguero 2014), but our main focus of interest has been the acquisition of discourse markers (Guil et al. 2008; Guil 2009a/b, 2015; Borreguero 2009b, 2012; Pernas 2009; Bazzanella & Borreguero 2011).

Our results are based on *data* extracted from an audiovisual corpus of Italian L2 (360 minutes, 38.000 tokens approximately). The corpus, collected in 2006, is formed by 36 conversations (10 minutes each) divided into 3 levels of competence (initial, intermediate, advance, 12 interactions per level) and 2 types of interactions (symmetric and informal, between learners, and asymmetric and more formal, between a learner and a native teacher). All of the informants were learning Italian in an institutional context for four hours a week. Learners at the initial level were recorded 7 months after their first Italian course (level A1.3-A2.1 of the CERF), learners at the intermediate level had followed Italian courses for almost 3 years (level B1.3-B2.1) and learners at the advanced level had studied Italian for almost 5 years (level C1). Moreover, some of the informants at the intermediate and advanced levels had spent some time in Italy, but less than a year in any case. The interactions of the learners (4 per level) were recorded with a videocamera without the presence of the researcher (although in some cases the researcher also acted as a teacher in the asymmetric interactions). Learners received only vague indications about the topic of conversation and the fictitious roles (friends, students sharing a flat) they had to assume

---

[2] Detailed information about this group and the projects, including the corpus, the database and main publications, can be found at www.marcadores-discursivos.es

and in all cases there were task-oriented interactions (such as buying a present for a mutual friend, or getting a job as baby-sitter in an Italian family), thus the result was semi-spontaneous interactions. We also had a control-corpus of two NS (different from the ones participating in the asymmetric interactions) carrying out exactly the same task-oriented interactions as the learners[3]. The number of participant and their level of competence is shown in Table 1:

Table 1. Participants in the A.Ma.Dis. Corpus

	Italian Native Speakers	Italian L2 learners		
		Initial Level	Intermediate level	Advanced level
Participants	4	4	4	4

In order to study the acquisitional process, interactions were transcribed in Conversational Analysis transcription conventions and also in the CHAT-LAN conventions established by the CHILDES Programme, and exhaustively read to identify all of the DMs and their occurrences. Each DM was attributed one or more discursive functions according to its context of occurrence. All this information was collected in an Access Database in order to be able to make an automatic query by DM, level of competence, type of informant and function. Each index/file card in the Database contains information about the conversation (number, type, place of registration), the informant (type, level of competence), the DM, its function, its context of occurrence and other relevant information to understand its functions (position, whether it is part of a chain of DMs, prosodic features, etc.).

The advantages of having such an amount of information at our disposal is that we can track the number of DMs in each level of

---

[3] For the purposes of this study we have taken into account both the productions of native speakers in symmetric and in asymmetric conversation.

competence, the functions ascribed to a single DM and the number of DMs fulfilling a single function across the corpus, among others. Here we will focus our attention on which DMs are chosen by the learners to serve the purpose of expressing metadiscursive functions such as opening and closing the interaction, signaling changes in discursive topics, or reformulation among others.

3. Metadiscursive functions

3.1. A functional approach to DMs: a taxonomy of discursive functions

Bazzanella (1995) divided DMs into two main macrofunctions – interactional and metadiscursive – and in later works (Bazzanella 2006) announced a third cognitive macrofunction which has not been fully developed. Taking these three macrofunctions as a point of departure, López Serena and Borreguero (2010) developed a detailed taxonomy that has been recently revised in Borreguero (2015)[4]. We will briefly present here this taxonomy in order to understand the position of the metadiscursive functions to which this study is devoted.

The interactional macrofunction gathers together all the functions relating to the relationship between the speaker and the listener in conversation and can be divided into 3 main subgroups: a) functions assumed by the speaker who takes the turn (also called conversation control functions), for example, functions related to turn alternation, such as taking, keeping and leaving the floor; functions whose aim

---

[4] This is, of course, only one proposal of taxonomy among many others (cf. Pons 2000, 2006; Loureda and Acín 2010), but we have found it especially useful for the study of DMs in the interlanguage. Due to space limitations we cannot offer here examples of all the functions mentioned, but the reader can find a more detailed description of this function and numerous examples in the studies quoted in this paragraph.

is to request or keep the receiver's attention, and functions linked to politeness strategies such as mitigation and intensification; b) functions assumed by the listeners who have no intention of taking the floor but produce phatic cues and express their emotions regarding what the speaker says; c) functions assumed by listeners who intend to take the floor and react to what has been said by showing agreement (i.e. producing a collaborative answer) or disagreement (reactive answer) or by requesting an explanation.

As we will see below, the metadiscursive macrofunction gathers together all the functions related to text building and production and can be divided into two main subfunctions: a) functions related to the organization of textual information, such as marking the order of different topics in the text, marking out the introduction, change and closing of discursive topics, inserting digressions, topic resumption and summing-up, marking the opening and closing of interactions, focusing relevant information and adding new information about a settled topic; b) functions related to the linguistic formulation of the text. This function covers all the strategies to keep the floor while having difficulties to plan an utterance and are therefore strictly linked to online planning in spoken communication. But linguistic formulation also encompasses the reformulation function and its variants (paraphrastic and not paraphrastic).

Finally, the cognitive macrofunction assembles all the functions that have an impact on the semantic contents conveyed by the utterance. This function can be divided mainly into two subgroups: a) connective functions linking the semantic contents of the utterances and reflecting or creating among them logic or argumentative relations (cooriented relations such as addition, cause-consequence, finality, justification, etc.; and anti-oriented relations such as opposition, contrast, and mitigating the relevance of what has previously been said). We have introduced a further distinction in these connective functions according to what is being 'connected'. When a DM establishes a connective relationship between two utterances or segments of an utterance we speak of connection, but when the relationship is established between a linguistic component (utterance or segment of utterance) and implicit information that the listener/reader must infer from the co-text or context, we are then talking about inferential connection; b) functions related to the conveying of modal values, such as epistemic and doxastic modality, engagement or distance from the propositional content or indications about the source from which the speaker has had access to the information (evidentiality).

All these functions are summed-up in Table 2. However, the inventory of subfunctions is far from exhaustive and only intends to suggest possible functions subsumed under each main type of function.

Table 2. Taxonomy of discourse functions

Discursive macrofunctions	Types of functions	Some subtypes of functions
• Interactional → otherness axis	Conversation control	Taking, keeping and leaving the floor
		Request for attention, reception control, request for confirmation
		Mitigation, Intensification
	Conversational contact	Phatic function, expression of emotions and attitudes
	Reaction	Collaborative answer, reactive answer, request for explanation
• Metadiscursive → textual axis	Information organization	Information ordering, marking out discursive topics (topic change, digression, recovering, summing-up), focusing, adding a comment on a settled topic
	Linguistic formulation	Online planning, reformulation
• Cognitive → semantic axis	Logic-argumentative connexion	Argumentative co-orientation (e.g. addition, consequence, finality)
	Inferential connexion	Argumentative anti-orientation (e.g. opposition, contrast, minimizing the relevance of some information)
	Utterance modal values	Engagement or distance from utterance content Epistemic / doxastic modality Indicating the source of information (evidentiality)

It is important to take into account the fact that all these functions are not exclusive to DMs but there is a variety of discourse elements that may fulfill them in oral and written discourse: interjections, filled pauses, repetitions, prosodic cues, etc. From the onomasiological perspective adopted here (from the function to the linguistic element), the focus is on how speakers carry out these necessary functions while producing their discourse and to what extent DMs are only one of the many strategies employed by the speakers. However, in this paper attention will be mainly paid to the tokens of DMs in the interlanguage, leaving aside other strategies.

Due to the polyfunctionality of DMs, the same DM can frequently assume more than one function in the same context (the so-called syntagmatic polyfunctionality, cf. Bazzanella 1995). On the other hand, these functions are not exclusive in the sense that they can converge in the same DM, especially in the case of interactional functions. It is thus very frequent to find a DM marking both floor taking and mitigating at the same time, to give just one example.[5]

3.2. Metadiscursive functions in learner varieties

In this section we will analyse the main metadiscursive functions found in our corpus. We will try to identify the type of DM employed to carry out each of these functions by native speakers (NS) and non-native speakers (NNS) distributed in the three above-mentioned levels of linguistic competence. Although in our corpus we have many tokens of DMs with interactional and cognitive functions, we have chosen to analyse DMs with metadiscursive functions because, as far as we know, studies in this field have not paid enough attention to the strategies adopted by the learners to build their

---

[5] In our analysis we have taken into account the primary functions as well as the secondary and tertiary functions of the DM. This hierarchical difference will not be meaningful for the present study.

texts in order to provide them with a clear structure and to ease the information processing on the side of the interlocutor (but cf. recently Pascual Escagedo 2014[6], Jafrancesco 2014).

Due to space limitations we will not analyse all the metadiscursive functions we have found in our corpus. We will focus mainly on two functions related to information organization (opening and closing interactions, changing topics) and two functions related to formulation of the message (online planning and reformulation), leaving aside important functions such as ordering, focalization and topic progression.

3.2.1. *Information organization*

As explained above, under the label of information organization we gather all the functions fulfilled by different elements that provide indications about the internal structure of the text. While building a text of a certain extension, the speaker/writer must offer some indications about the order in which the information is presented, the changes in the discursive topics dealt with, the most important information in each utterance and the thematic progression or development of a discursive topic by adding new information (comments) about it, once the topic has been established. Some of these functions are more frequent in written texts (such as ordering the information) and some are not often realized through the use of DMs, for example focusing important information in spoken texts is usually accomplished through prosody. These differences are to some extent reflected in our corpus, but our focus of interest here

---

[6] This author adopts the same onomasiological approach that has been presented here but she takes into account of all the functions at each level of competence, paying exclusive attention to DMs and not to other textual strategies. She has observed that DMs with metadiscursive functions are scarcely represented in her corpus of Italian speakers of L2 Spanish (only 35 DMs, 15% in A1-A2 levels, 2% in B1 and 5% in C1 of the total number of DMs in her corpus) and there is only a slight increase at the advanced level (Pascual Escagedo 2014: 153).

is to discover which DMs deployed by the learners reflect the native use and which ones are not usual or less frequent in L1 Italian.

3.2.1.1. Opening and closing the interaction

One function fulfilled by DMs is to formally signal the opening or the closing of the interaction immediately after or immediately before the exchange of greetings (DMs occupy the absolute initial position of the interaction less frequently, see below).

We have found different DMs with the function of opening the interaction: *be'* 'well', *allora* 'then', *dunque* 'therefore', *cioè* 'that is to say', *sì* 'yes' and *e* 'and', as can be seen in Table 3.[7] Sometimes these DMs are followed by a DM with an interactional function such as *guardi* 'look', *senta* 'hear', *ascolta* 'listen', the most frequent combination being *allora guardi* 'well look'. We have also found two cases in which DMs with a mainly interactional function are the only explicit marks to open the interaction: *ascolta, senta* 'listen, hear' (this happens only in NS turns as can be seen in Table 3). According to Pons (1998: 219-220) and Ghezzi and Molinelli (2015), DMs derived from verbs of perception not only function as attention-getters in conversation, but they also focus the relevance of what is being said by conveying an instruction to carefully process the information. In this case, they mark an action with very high communicative relevance as the opening of the interaction.

The number of tokens of these DMs in our corpus is very low both in NNS and NS, thus this is clearly a metadiscursive function which is not mainly fulfilled by DMs. We can still observe a light increase of DMs in the advanced level, which almost equals NS production.

---

[7] The English translations of Italian DMs are only meant to help the non-Italian speaker reader to get an approximate idea of their meaning. The high number of pragmatic values and discursive functions adopted by DMs in different contexts makes it extremely difficult to offer an accurate and at the same time valid-for-all-contexts translation.

Table 3. Opening / closing interaction functions

	BEGINNER	INTERMEDIATE	ADVANCED	NATIVE
Opening Interaction				
allora	1		3	4
ascolta				2
be'			1	
cioè		1		
dunque			2	
e	1			
senta				1
sì				1
Total	2	1	6	6
Closing Interaction				
allora			1	6
bene [benissimo]			1	
d'accordo	2		2	5
niente			1	3
ok	3	2	1	7
pues		1		
va bene	1		1	6
Total	8	3	7	27

However, only one of these DMs (*allora*) is found with this function in L1 Italian[8]. In fact, *allora* in that position is an almost completely desemantized DM which can signal the absolute beginning of an interaction, quite an odd position for most DMs:

(1) A: alloraaa↑
    B: ciao!
    A: &eh / Laura &eh / dunque / sei arrivata da quando? / non so→

---

[8] We have also found one occurrence of *ah!* in absolute initial position in L1 but interjections, though clearly assuming discursive functions in text construction, will not be taken into account in this study. For a discussion about why interjections should or should not be considered as DMs, see Porroche and Laguna 2015, Borreguero 2015.

B: &eh da pochissimo / guarda! / sono→ / tre giorni↓ / sono arrivata qua il fine settimana↓ (5SG6, 1-4, A is an advanced learner and B a native spaker)[9]

'A: soooo
B: hi!
A: &eh / Laura &eh / then / when did you arrive? / I don't know
B: &eh very recently / look! / I have / three days / I have arrived here last weekend'[10]

What is more interesting are the tokens of DMs in absolute initial position which are uncommon in L1. This is the case of *be'* that usually indicates a reaction to what has been said (Pauletto and Bardel 2015). We can hypothesize that the learner is not able to distinguish between the common function of taking the floor with *be'* as a reactive answer and taking the floor for the first time in conversation, which is its primary function in this occurrence (or maybe that we are dealing with a transfer from Sp. *bien*).

(2) A: be' / [scusami =]
    B: [°(ciao)°]
    A: = maa / &eh / [non=]
    B: [°(dimmi)°]
    A: =ho capito il tuo nome tra tanta gente! (5VA4, 1-5)
    'A: well / [excuse me =]
    B: [°(hi)°]

---

[9] References to the corpus contain information about the level of competence (1 for beginners, 3 for intermediate, 5 for advanced), the place where the informants were registered (SG = Segovia, VA = Valencia) and a number identifying the type of interaction according to the topic (1-2 are symmetric interactions, 3-6 are asymmetric interactions).

[10] Translations of the examples are only intended to facilitate the comprehension of the Italian texts. They are not meant to provide an accurate translation in any case.

      A: buut / &eh/ [I haven't =]
      B: [°(tell me)°]
      A: = understood your name among all these people!'

The same applies for this very uncommon use of *cioè* in absolute initial position:

  (3) A: cioè / [ma cosa fa-]
       B: [dai! / che CA]SIno!
       A: sìì / lo so↓ / che facciamo con questo? / vi hanno aumentato→
       B: ci hanno [aumentato l'affitto]
       A: [ci hanno aumentato] / sì (3VA2, 1-5)

'A: I mean / [but what is he doing]
  B: [come on! what a DISASTER]
  A: yeees / I know / what should we do with this? / they have increased
  B: they have [increased our rent]
  A: [they have increased] / yes'

We have also taken into account DMs which are not placed in the first turn of the conversation, but instead immediately after the greetings. In this position *allora* appears already at the initial level, as can be seen in (4):

  (4) A: &eh ciao! / Chelo / come stai?
       B: ciao / ciao / bene / e tu?
       A: &eh / bene / &eeeh allora // &eh / noi abbiamo fatto questee appu- queste appuntamento / peer / preparare / il- una festa aaaa no stra amica (1SG1, 1-3)
       'A: &eh hi! / Chelo/ how are you?

B: hello / hello / well / and you?

A: &eh / good / &eh so // &eh / we have made these appoint- these appointment/ tooo / prepare / the- a partyyy our friend'

In this case, after the greetings A (Beginner) show some difficulties to take the floor and begin her utterance as it is shown by the filled pause preceding her answer (*bene* 'well') to B's question. After another filled pause *allora*, which in L1 Italian has reached the necessary level of desemantization (and thus of grammaticalization) to appear in absolute initial position (similar to Spanish *bien / bueno*, cf. Pons & Estellés 2014), formally signals the opening of the interaction and the introduction of the first topic (see below).

At the advanced level we have a discrete increase of DMs in this function, incorporating *be'* and *dunque*. However, it must be said that three of these tokens are produced by the same learner who is a teacher of French and here we may hypothesize a positive transfer with French discourse markers: *alors / allora, donc / dunque*.[11]

(5) A: (buono) questo caffè!
 B: ((a che è)) molto buono! / [certo!]
 A: [è] buono! / &eh / &eh / bellissimo questo posto↓
 B: (RISATE)
 A: &eh dunque! / hai pensato qualcosa peer→
 B: &eh sì / è quello che volevo dirti↑ / perché io non ho avuto appena il tempo↑ / e mi è venuto così in fretta che→

---

[11] These transfer phenomena are evident also in other cases. For example, two learners at the initial level working as a French teacher in one case or having a good knowledge of French in the other produce 58 tokens of *d'accordo* while the other two learners of this level produce none. We have found more transfers between L2 and L3 DMs than between L1 and L2.

/ non ho- non ho avuto il tempo / ((e)) dobbiamo decidere adesso cosa regaliamo a Laura↓§ (5SG1, 1-7)

'A: (good) this coffee!
B: ((it is)) really good! / [for sure]
A: [it is] good! / &eh / &eh / very beautiful this place
B: (LAUGHS)
A: &eh then! / have you thought about something for
B: &eh yes / this is what I wanted to tell you / because I have hardly had the time / and it has come to me in a rush so that / I didn't have the time / ((and)) we must decide now what to offer to Laura'

Contrary to this situation, DMs are frequent in the metadiscursive function of closing the interaction[12]. Most conversations finish with an interchange of agreements, but we consider closing DMs those ones which express agreement with not only what has been said in a previous turn, but with the end of the conversation in general (for example, when the speaker repeats the agreement marker in successive turns). DMs in this function are mainly *va bene, bene, ok, d'accordo* 'ok', all of them showing agreement with what has been previously said, but also *niente* 'nothing', that explicitly signals that there is nothing to add to the conversation. The most striking difference with the DMs opening the interaction, which are also very frequent in their common function of showing agreement from the initial level (collabora-

---

[12] Also in this case we have take into account not only the final closing of the interaction but also some pre-closing DMs, i.e. DMs that signal that one of the participants is willing to close the interaction and begin to prepare the interlocutor for that (normally asking him to arrange a meeting or to exchange phone numbers). The most frequent DM in this pre-closing function in our corpus is *allora*.

tive answer), is the high frequency of DMs at the initial level (8 tokens, although in 6 of them their primary functions is to show agreement), whereas we have found only 3 and 7 tokens respectively in the intermediate and advanced level. As we can see in Table 3, NS tend to use a variety of DMs to mark the closing of a conversation, thus this seems to be a function that is not well integrated in the interlanguage.

A good example of how these closing and pre-closing DMs can cluster together are the final turns of this symmetric interaction between NNS:

(6) A: ok / e se §
B: § d'accordo?
A: se c'è qualcosa andiamo in giro
B: d'accordo!
A: eh! / [benissimo!]
B: [va bene!] / ciao!
A: deciso! / (RISATE) (5SG1, 259-265)

'A: ok / and if §
B: § ok?
A: if there is anything we go for a walk
B: ok!
A: eh! [perfect!]
B: [ok!] / bye
A: decided! (LAUGHS)'

However what we have not found in learner's interlanguage is a string of DMs such as the one we have found in NS:

(7) B: d'accordo / guardi / io sono molto interessato al lavoro [eee]
A: [allora] / adesso/ mi lascia il suo numero di telefono↑ / [...] ee le daremo una risposta se / se le va bene
B: d'accordo / va bene // allora§
A: §niente§
B: §molte grazie eee / ci [sentiamo=]
A: [sentiamo]
B: =d'accordo / [((..))]
A: [arrivederci] (NAT4, 96-103)

'B: ok / look / I am very interested in this job [aaand]
A: [so] / now / you give your telephone number / and probably / in a week / we will call you aand give you an answer / if it is ok for you
B: I agree / ok // so §
A: § alright §
B: § thank you very much aaand / see [you =]
A: [you]
B: = ok / [(())]
A: [bye]'

In NS *allora* is frequently used as a pre-closing DM, i.e. it is the DM employed by NS to indicate that the conversation is reaching its end and the only task left is to arrange an appointment for a further meeting. In this sense, *allora* has the double function of opening and closing interactions at the same time (Bazzanella & Borreguero 2011), as it can be seen in (8), but while the opening function is acquired at the advanced level, learners show bigger difficulties in acquiring the closing function:

(8) A: buongiorno↑

B: buongiorno

A: piacere↑ / Eugenio Bellanca / lei si chiama? §

B: § sì / &eh / Paula

A: Paula↓ / allora / Paula / guardi / &eh / uhm / non so se ha parlato con la mia segretaria↑ / le ha già spiegato un po'→

[...]

A: sì! / anche↑ / volendo / allora / guardi / facciamo così / io↑ / &eh / mi faccio vivo io / &eh / se non ha altre domande da farmi↑ / per me il colloquio→ //

B: ok

A: è [concluso↑=] (5VA5, 1-5, 137-139, conversations ends at turn 149, A is a NS)

'A: good morning

B: good morning

A: pleasure / Eugenio Bellanca / what's your name? §

B: § yes / &eh / Paula

A: Paula / so / Paula / look / &eh / uhm / I don't know if you have talked to my secretary/ she has already explained a little bit

[...]

A: yes! / also / if we want to / so / look / we do it like that / I / &eh / I'll call you / &eh / if you haven't any other questions / for me the interview //

B: ok

A: is [finished=]'

3.2.1.2. Changing topics

In a spontaneous conversation, even when there is a prespecified topic, speakers tend to introduce new topics and digressions during the conversation. Sometimes the rapid succession of topics can be hard to follow and the speakers need to signal these changes. In Table 5 we present the different functions we have analyzed and the DM used in the corpus by the NS and NNS to serve this purpose.

3.2.1.2.1. Introducing a new topic or changing the current topic of conversation is a metadiscursive function fulfilled by a great variety of DMs (in our corpus we have found 31 different DMs and combinations of DMs, as can be seen in Table 5; DMs introducing the first conversational topic are not taken into account because they have been analyzed under the opening/closing interaction function). The most frequent of all by and large is *e* 'and' which is present from the initial level (72 occurences) and surprisingly close to the use of NS (88 occurrences). *E* can introduce a topic which is part of the encyclopaedic knowledge of the interlocutors (Guil 2012, Mandelli 2006) and that explains why it is so often employed by NS. The phonetic simplicity of this DM and its semantic and pragmatic similarity to the Spanish DM *y* 'and' may explain the rapid acquisition of this DM in this function. However, with this exception, the use of DMs by learners of the initial level is scarce and limited to single tokens of *allora* 'then', *però* 'but' *anche* 'also', *per quanto riguarda* 'regarding x'. The striking use of *per quanto riguarda* in the first level can be explained as a consequence of the mirror effect, that is, the fact that learners repeat expressions that are very often used by the native speaker they are interacting with, as it can be seen in (10), where A is the native speaker and B the learner.

> (10) A: perfetto // ee poi per quanto riguarda per esempio il luogo / noi andremoo vicino aa→ / a Malaga↑
> B: sì
> A: più a sud↑ / [verso]
> B: [al mare?]

[...]
A: per cui / non so / vivresti con noi↑ / staresti lì con noi
B: ok
A: eee / per quanto riguarda le mansioni↑ / non so se / &eh
B: e cosaa // devo fare?
A: sì / &eh / io non so se ti piace lo sport / pensavamo di farti fare anche [attività=]
[...]
A: = possiamo fare così
B: per quanto riguarda i soldi?
A: sì / lo stipendio→ / io ho pensato una cifra intorno ai mille euro (1VA3, 103-106, 111-115, 177-179, A is a NS, B a NNS)[13]

'A: perfect // and then regarding for example the place / we will goo near tooo / to Malaga
B: yes
A: further south / [towards]
B: [to the sea?]
[...]
A: therefore / I don't know / you would live with us / you would stay there with us
B: ok
A: aaaand / regarding your tasks / I don't know if / &eh
B: and what // do I have to do?

---

[13] The interaction that simulates an interview to get a job as a baby-sitter is the one with a more rigid structure. The native speaker has a very active role playing the part of the employer and asking questions to the learner. There are several issues that have to be tackled such as time, salary, timetable, the children, the tasks, etc. so it is precisely in this conversation where the function of introducing and changing topics is more necessary. The native speakers use very frequently topic introducer DMs such as *per quanto riguarda* 'as far as x is concerned' (25 tokens in the corpus), but we have only found two tokens in the interlanguage and this shows that the mirror effect is very weak in asymmetric conversations. However, this occurrence of *per quanto riguarda* at the initial level can only be explained as a consequence of the mirror effect.

> A: yes / &eh / I don't know if you like sport / we were thinking about you doing some [activity]
> [...]
> A: = we can do so
> B: regarding the money=
> A: yes / your salary / I have thought something around one thousand euro'

The situation does not improve significantly in the intermediate level, except in the use of adversatives *ma* and p*erò* 'but' as DMs specialized in this function (10 and 3 tokens respectively). More interesting are the changes observed at the advanced level: DMs such *e poi* 'and then' and *no* 'no', which have almost no presence in previous levels, serve this purpose and other DMs scarcely used in previous levels become more systematically used, such as *allora* (9 occurrences), *anche / e anche* (5 occurrences), *però* (9 ocurrences), but notice that *però* is never used by native speakers with this function. Maybe the variety of DMs employed at this level could explain the decrease of tokens of the otherwise omnipresent *e* at this level. Finally, as far as NS are concerned, we have observed three important differences with the learners' interlanguage: a) first of all, NS employed both a considerably higher number of DMs (191) and a great variety of them (15 different DMs, while only 7 at the initial level and 11 at the intermediate and advanced levels); b) secondly, NS use DMs that are never present (or almost never) in the interlanguage, such as *e poi, per quanto riguarda* (see ex. 10), and *ti dico/le dico* and variants, as we can see in (11):

> (11) A: [quindi conosci abbastanza bene] una zona abbastanza↑ / ti dico / il complessoo / alberghiero è abbastanza nuovo mi sembra che l'abbiano inaugurato l'anno scorso // il campo da golf l'hanno inaugurato sei mesi fa perché io ci sono stato→ / così ho fatto→ /// (3VA5, 223)

'A: [then you know quite well] an area quite / I tell you / the hotel / structure is quite new I think it has been inaugurated last year // the green has been inaugurated six months ago because I was there / so I have done ///'

And c) finally L2 Italian speakers resort to some DMs for these functions that are not frequent in NS such as additive focus particles (cf. *anche*) and adversative connectives (cf. *ma* and *però*).

Besides, we have found some cases of code-switching. As this is quite a difficult function for a beginner it comes as no surprise that learners code switch and use a DM from their L1 (*bueno* 'well') to signal the introduction of a new topic[14].

(12) B: devo→ / no / dobbiamo aspettare cinque minuti↓ / (RISATE)
　　　A: lo stai caricando anche [la=]
　　　B:　　　　　　　　　　　[sì↓]
　　　A: = batteria?
　　　B: anche la batteria↓ / (RISATE)
　　　A: (RISATE) / bueno possiamoo→ / vado a fare un un caffè ↑ // sì / si vuoi sì / gradisci un caffè ↑ / e mentre possiamo pensare en altre→ / en altre possibilità ↓ (3SG1, 110-115)

'B: I must / no / we must wait for 5 minutes/ (LAUGHS)
A: you are also charging [the=]
B:　　　　　　　　　　[yes]
A: = battery?
B: also the battery / (LAUGHS)

---

[14] This could also be the case of *però*, because one of the main difficulties we have had during the analysis have been the phonetically similar DMs such as Italian *però* / Spanish *pero*. It is hard to assess whether the learner has acquired the lexical unit but not its prosodic profile or it is just a case of transfer.

A: (LAUGHS) / well we can / I go to make a a coffee // yes / if you want to yes / would you like a coffee / and in the meanwhile we can think about / about other possibilities'

In any case, a change of topic is not always explicitly marked by a DM. Speakers (both NS and NNS) can resort to other textual strategies to indicate a topic change such as word order alternation, prosodic breaks (13) or an utterance with explicit information announcing a new topic (14):

(13) B: sì / però / anche quattro anni nove / loro / i bambini hanno / qualcuna difficoltà qualcuna ma[lattia // sono nervosi?=] (3VA3, 48, NNS)

'B: yes / but / as well as four years nine / they / do the kids have / any difficulty any illness // are they nervous?'

(14) A: ah / una domanda / una curiosità / come hai studiato tu l'italiano? / dov'è che l'hai [imparato?] (1VA3, 263; NS)

'A: ah / a question /a curiosity / how come you have studied Italian? / where have you [learned it]?'

Table 4. Topic switch functions

	BEGINNER	INTERMEDIATE	ADVANCED	NATIVE
Introduction / Change of topic or subtopic				
allora / e allora	3		9	10
anche /e anche	1	1	5	2
anzi				2
ascolta				1
be' / ma be'		1		1
bueno	1	2		

---

[15] Sometimes *ma* 'but' is pronounced as *me* due to a transfer with French *mais* 'but'.

comunque			1	5
dunque		1	1	2
e	72	65	43	88
e poi / e dunque / e quindi	1	2	11	23
invece / e invece			1	5
ma / e ma[15]	5	10	9	10
no / no sì / sì		4	22	9
per quanto riguarda	1			15
per quel che riguarda		1		
però	1	3	9	
poi			3	
riguardo a				1
ti dico / le dico / ti spiego / le spiego / (ti) direi		1	2	23
tra l'altro				1
vediamo				1
Total	**85**	**91**	**115**	**209**
Closing the topic				
allora	2		3	10
comunque				1
d'accordo	9		1	12
dunque			1	
niente				2
ok	1	5	2	18
quindi		1		
sì		2		1
va bene	2	2	1	5
Total	**14**	**10**	**8**	**49**
Digression				
a proposito				2
Picking up a topic				
allora	1	2	2	3
comunque				2
dunque			1	
e		1	2	1
e poi			2	
e quindi			1	
effettivamente			1	
le dico				1
ma		1	2	1
niente			2	
no			2	1
però			11	
Total	**1**	**4**	**24**	**9**
Summing up				
allora			2	
bueno	1			
cioè		1		

dunque			1	
in fin dei conti				3
insomma				38
ok	1	2		
poi				1
quindi			1	
va bene	1			
Total	3	3	4	42

3.2.1.2.2. Closing topics. The function of closing the topic is normally not marked during conversation, because the introduction of a new topic is enough to close the active topic. On the other hand, many interactional DMs which have the function of showing agreement (such as *ok, va bene, bene, d'accordo, certo*, etc.) can also be interpreted as a kind of closing: once the interlocutors have agreed upon something they feel ready to move to a new topic. So in our analysis we have only taken into account the DMs that explicitly signal the closing of a topic after the agreement has been reached. This is the case in (15) where after a long talk about what to eat in the city of Segovia, the learner reintroduces a previous topic using the explicit DM *ok* that can be considered a topic closing mark.

(15) A: è molto calorico va be' però se poi uno dopo cammina
B: sì / è vero
A: smaltisce un po' quindi / [ah ok]
B: [è vero] e ci sonoo altro posti
                                che visitare (3SG4, 247-250)

'A: it has a high caloric value ok but if afterwards you walk
B: yes / it is true
A: you work it off a little bit thus / [ah ok]
B: [that's true] and there are
                                        other places to visit

In our database we have observed a significant difference between NS and NNS as far as the use of DMs in this function is concerned. The most striking thing, however, is not that NS use more DMs than NNS but the fact that is not possible to outline a clear acquisitional process, as initial level learners use more DMs than advanced level ones (except for the use of *d'accordo* at the initial level cf. note 14 above) and the most used DMs are different in each level of competence. In any case NNS do not use any DMs that does not serve this same purpose in NS speech, with the exception of *dunque* and *quindi* 'then, therefore' that in L1 Italian have mainly interactional and logic-argumentative functions, such as taking the floor after a question and presenting a consequence, respectively.

3.2.1.2.3. Digression: we have only found 2 tokens of a prototypical DM for marking digression such as *a proposito* in NS turns. Therefore, this function is not fulfilled by DMs in our corpus which does not mean that NNS and NS speakers do not abandon the main thread of discourse at several points, but digressions are marked as simple introductions of new topics – and it is rarely the case that a topic previous to a digression is explicitly resumed – or speakers resort to other devices such as interjections and prosodic markers. Moreover, in NS the introduction of a digression is reinforced by some metalinguistic comments such as in (16):

(16) A: ah / a proposito / scusa se ti interrompo e cambio discorso però / mi interesserebbe sentire un po' / laa→ / la tua opinione / in Italia si parla tantoo / di Zapatero / di questoo→ / nuova / maniera di fare la politica / eccetera / in Italia soprattutto la sinistra / è veramentee→ / uhm / molto / direi quasi tifosa di questo Zapatero // eee // ma qua come- come- la gente come lo vede? (NAT3, 57)

'A: ah / by the way/ excuse me if I interrupt and change topic but / I am interested a bit / in your / your opinion / in Italy people talk a lot / about Zapatero / about this / new / way of making politics / etc / in Italy particulary the left / is really / uhm / very / I would say almost a fan of this Zapatero // aaand // but here how- how- do the people see him?'

3.2.1.2.4. Picking up a topic after a digression. This is a metadiscursive function which is usually explicitly marked by a DM contrary to digressions and topic closing. Although the number of DMs found in our corpus with this function is low, this could be explained by the linear development of the interaction, especially the asymmetric ones, where there is not much opportunity to go back to previous topics. Besides, this function can be fulfilled by an utterance and not exclusively by DMs, as in (17-18) where the NS playing the role of the interviewer goes back to the description of the job with *come le dicevo* ' as I told you', after the topic closing mark *d'accordo* 'ok':

(17) A: ah / quindi / le farebbe anche bene insomma / no?
B: sì sì
A: ah / d'accordo / ehm // &eh appunto come le dicevo stiamo cercando questa persona perché venga con noi al mare con i bambini ee vorremmo andare nella zona di Malaga [più o meno] (3SG5, 65-67)

'A: ah/ so / it would be good for you then / no?
B: yes yes
A: ah / ok / ehm // &eh precisely as I told you we are looking for someone to come with us to the sea with the children aand we would like to go to the area of Malaga [more or less]'

(18) A: [guardi / da noi] / innanzitutto si tratta di di questo periodo di vacanze / poi non lo sappiamo come organizzeremo la la cosa però chiaramente / se dovremo ricorrere a una persona e con lei ci troveremo bene / magari / il nostro rapporto /potrà continuare però // tornando↑ / aa→ // alle vacanze / no? / le dico noi noi andremo↑ / ooo / nella Costa del Sol / &eh§ (NAT4, 61)

'A: [look / with us] / first of all it is for the holiday season / so we don't know how we will organize things but clearly / if we need someone and we are happy with you / maybe / our relationship can continue but // going / baack to // to the holidays / ok? / I tell you we we will go / eeeither / to the Costa del Sol / &eh§'

While this function is almost absent in initial and intermediate levels, it is expressed using 24 DMs at the advanced level. The only DM which seems to be consistently used with this function is *però* 'but' which is never used by NS. However, what is most interesting is the increasing awareness of the learners that they have at their disposal some textual mechanisms to indicate that a topic is brought forward again in the conversation. Let us analyze an example in (19) where the topic of buying a present in the sex shop shows up regularly during conversation:

(19) B: no / però qualcosa dobbiamo trovare perché / allora / praticamente / avevamo pensato / lui c'ha questo zaino che porta sempre in giro con-con- con lui però è un poo' / vecchioo↓ / °(che fa un po' cagare)° / e quindi /avevamo pensato compraree / uno zaino cosìì / carino come parte del regalo // poi c'era l'altra Elena che diceva di andare al sex shop / ee comprare qualcosa di divertente (2") [(( ))]

[...]
A: cinque persone→ / °(be' / qualcosa si può fare)° non è chee / e poi che questo del sex shop es un poo' buffo perché↑ / poi compri sempre le stesse cosee→
[...]
B: sì / (3") e poi questa cosa del sec- del sex shop lo facciamo pure↑ / sì /dai (5VA1, 14, 57, 94)

'B: no / but we must find something because / well / practically / we had thought / he has this backpack that he always carries on with-with-with him but it is a bit / old / °(it stinks)° / and then / we had thought / a backpack soo / pretty as a part of the present / besides there was Elena proposing to go to the sex shop / aand buy some funny stuff (2")
[...]
A: five people / °(well / we might do something)° / and then this sex shop stuff is a bit weird because / you always buy the same stuff after all
[...]
B: yes / (3") an then this sec- sex shop stuff we do it too / yes / come on'

This is, however, one of the discursive functions where the difference between NNS and NS does not consist of a lesser variety and quantity of DMs in the interlanguage, but rather of a higher quantity and a certain abuse, i.e. learners attribute to some DMs a discursive function that it normally does not have in L1: this is the case of *dunque, e poi, effettivamente, niente* e *però* to which advanced level learners attribute the function of picking up the thread of discourse after a digression.

3.2.1.2.5. Summing-up. The last function in topic management is the summing-up function. When the speakers consider they have reached an agreement about some issue or provide enough information about it they may be willing to present a summary of what has previously been said. This strategy reflects a good management of text information and requires an appropriate linguistic competence. As Table 5 shows there is a considerable distance between NNS and NS in the use of DMs fulfilling this function. However, it must be taken into account that 38 out of 42 tokens from NS are instances of the DM *insomma* 'to sum up', which is particularly frequent in one of the NS (33 occurrences) while it is never used by 2 of the 4 native speakers. Learners cannot identify the right DM to mark this function which, incidentally, is scarcely present in their discourse, thus they recur to other DMs (normally those used for closing the interaction or the topic) and even to code-switching like in the initial-level *bueno*. We can therefore say that this function is not very frequent in our corpus, except in the case of one single NS, which can be considered a sort of idiosyncratic phenomenon.

Due to space limitations we will not deal with other metadiscursive functions related to the organization of text information, such as ordering or focalization of relevant information or development of a well-established topic by addition of new comments. We will just mention that while focalization is a function fulfilled by a variety of elements, such as additive and exclusive focus particles (*anche*, *solo*) and particularizers such as *soprattuto*, *appunto*, *ecco* (overall, exactly) (cf. König 1991 for a detailed description of these categories), the development of topics is mainly restricted to DMs with additive meaning, mainly *e, anche, tra l'altro* and *poi*[16]:

---

[16] We have found 17 tokens of *poi* in NS, which is by far the most frequent DM in this function.

(20) B: guarda / se vogliamoo pagare di meno / andiamo in periferia⁻ / ma io in periferia- vado in periferia↓ // non c'è il carattere della città / poi devi spendere tanti soldi anche in trasporto pubblico / e andare a casa soltanto per dormire↑ (3VA2, 23-24)

'B: listen / if we want to pay less / we can go to the suburbs / but I in the suburbs- I'd go to the suburbs // there is not the character of the city there / so you must spend so much money on public transport / and go back home only to sleep'

3.2.2. *Formulation*

The second group of metadiscursive functions, according to our classification, encompasses all the functions related to the formulation of discourse. As we are analyzing spontaneous spoken discourse, which has not been previously planned and cannot be reviewed and modified after it has been produced, two functions seem to be of special relevance as part of the formulation process: (a) the function of gaining time while thinking of what to say next without losing the floor, which we have called online planning and (b) the function of reformulating what has just been said in order to rephrase or modify it.[17]

3.2.2.1 Online planning

Spontaneous conversation requires the special ability to produce discourse with a very short term of preplanning. This highly demanding cognitive ability becomes more difficult when speaking

---

[17] Notwithstanding the high number of studies on reformulation strategies in Romance and Germanic languages (cf. Garcés Gómez 2008), few of them are devoted to the acquisition of these strategies by L2 learners, although there have been some attempts to introduce reformulation in language learning, focusing mainly on the language processing of written texts (Thornbury 1997).

a foreign language. The difficulties to keep on track with the on-line planning are reflected in different ways in the speech itself: silences, filled pauses, vowel lengthening and of course DMs. The literature has named the DMs with this specific function as fillers (It. *riempitivi*, Sp. *muletillas*) often attributed to the scarce linguistic competence of the speaker. But, as it can be observed in Table 5, DMs with this function are highly present in both NS and NNS interventions. This cleary contradicts claims such as Jafrancesco's (2015: 13) about the decrease of DMs with this function along with an increase of linguistic competence.

The most striking difference between them, however, concerns the frequency and variety of DMs. Contrary to what could be expected, NS produce not only a larger quantity of DMs but overall they are able to monitor their online planning activity with a huge variety of DMs (16 different DMs to be precise), while NNS employ both a smaller quantity and a more restricted inventory of these units although following a clear acquisitional path (4 in the initial level, 7 at the intermediate level and 13 at the advanced level).

Most of the DMs fulfilling this function are polyfunctional, which means that they do not only serve the mentioned purpose of online planning but assume other functions in discourse. For example, just to mention the more frequent in our corpus, *diciamo (che)* 'let's say (that)' is also a DM for mitigation, so the speaker is adopting a polite strategy to present information to the listener at the same time that he is trying to gain time to formulate his utterance; *va be'* 'ok' adds a positive value about the commented situation or idea while formulating it; *insomma* 'to sum up' presents the utterance as a kind of conclusion or resumption of what has been said before, but without actually formulating any.

In (22) the NS in the role of the employer must answer the learner's very direct question about her salary and he tries to gain time while thinking about how to present information with which the interlocutor might not agree by pausing frequently, lengthening the final vowel in *noi* and using a DM (notice, by the way, how during her turn the learner uses in a very clear way both strategies of closing and opening a topic with DMs):

(22) B: [uscire↑ / ok / ok] / e il compeenso? / avete pen[sato]
    A: [sì] / noii / diciamo / che saresti spesata di tutto / e a parte quello pensavamo aa a un compenso dii / uhm millecento euro / al mese (3VA3, 126-127)

'B: [go out / ok / ok] / and the salary) / have you [thought about]
A: [yes] / weee / let's say / that we will cover all your expenses / and besides this we have thought about a salary of / uhm one thousand one hundred euros / a month'

However, with the exception of *non so* 'I don't know' (and its phonetic and syntactic variants *non lo so, no so* and code-switching *no sé*[18]) which is very frequent in L1 and L2 Italian, there are significant differences between the DMs employed to convey this function, leaving aside those which are never present in the interlanguage (*come dire, diciamo, ecco, insomma*). We can observe two main tendencies: a) the selection of very few forms which are constantly repeated, without excluding that some of these are clearly idiosyncratic (the use of *cioè* by one of the students of the intermediate level is a good example) and b) the resort to code-switching, which is particularly obvious in the case of Sp. *bueno* but also in the assignment of discursive functions to the Italian adjective *buono*, which is phonetically similar to it.

---

[18] The Spanish form *no sé* and transfer variants such as *no so* are present in the three levels of acquisition.

Table 5. Online planning function

	BEGINNER	INTERMEDIATE	ADVANCED	NATIVE
Online planning				
allora	1		1	1
be'		1	5	8
bueno	3	5		
buono	2		1	
cioè		26	7	17
come dire				11
così			5	12
diciamo (che)			1	53
dunque			3	4
ecco				12
in effetti				1
insomma				26
le dico				4
niente		1	5	26
no		2	12	11
non so / non lo so / no so / no sé	21	53	83	90
poi			4	2
va be'		3	4	31
voglio / volevo dire			3	5
Total	27	91	134	314

3.2.2.2. Reformulation

Reformulation is a textual strategy closely linked to online planning. Following a classical division we can distinguish between paraphrastic and non-paraphrastic reformulation. In the first case, speakers try to rephrase what they have just said in order to make it more understandable for the listener. This function is almost exclusive to NS speech in our corpus (with the exception of the 9 tokens of *cioè* in the intermediate level due to the incorrect overuse of this DM by one participant). NS resort to a variety of DMs to mark paraphrastic reformulation, but *cioè* 'that is to say' and *diciamo* 'let's say' are the most frequent ones.

Table 6. Reformulation functions

	BEGINNER	INTERMEDIATE	ADVANCED	NATIVE
Paraphrastic reformulation				
bueno		1		
cioè		9	2	12
diciamo				7
dunque				1
insomma				4
vale a dire				1
voglio dire				3
Total		10	2	28
Non-paraphrastic reformulation				
anzi				1
bueno[19]	4	3		
buono	1			
cioè		2		
diciamo				1
no	1	1	1	2
va be'		1		1
voglio dire		1	2	3
Total	6	8	3	8

On the other hand, non-paraphrastic reformulation responds to the speaker's intention to modify what has already been said. This modification can entail either a simple rectification or a conclusion or summary (Rossari 1994). Due to the small number of DMs with this function in the corpus we have not taken into account these further distinctions in our analysis. This second type of reformulations is much less frequent in our corpus but more equally distributed throughout the 4 levels of linguistic competence. However initial and intermediate level learners resort frequently to code-switching, as it can be seen in (22), where the learner rectifies to clarify that she only has visited one city in Tuscany:

---

[19] At the intermediate level it adopts the incomplete form *bué* in one of the occurrences.

(22) A: ma / io sono toscana↓ / vivo in un posto- in un paesino vicino a Pisa↓ / quindi / forse è una zona che no→ / ancora non hai visto↓
B: IO!? / sì! / [io conoscoo la =]
A: [sì!? / conosci la Toscana!? / uhm uhm]
B: = Toscana→ / bueno / Firenze →/ [qualcheee] (1SG4, 47-50)

'A: but / I am from Tuscany/ I live in a place- in a small village near to Pisa / so / it is maybe an area that /you still have not visited
B: ME? / yes! / [I have visited it=]
A: [really? / have you visited Tuscany? / uhm uhm]
B= Tuscany / well / Florence / [someee]'

4. Conclusions

The onomasiological approach allows us to adopt a different perspective from the usual one in acquisitional studies and in studies on DMs in general. Instead of focusing on the single lexical units, their presence and functions in the interlanguage, the focus is on which discursive functions are carried out by learners, what strategies they resort to in each case (prosodic cues, vowel lengthenings, pauses), when they use DMs and which ones they use for which functions. This approach has the advantage of highlighting the differences between discursive functions. In fact, from the analysis presented here it is easy to see that DMs are hardly employed to carry functions such as opening interaction or reformulation[20] – especially

---

[20] Another function found in our corpus which is scarcely signalled by a DM is the ordering of information: speakers present successive information but without using explicit markers, which otherwise are very frequent in written texts (such as *first of all*, *secondly*, *on the other hand*). In our corpus we have only found 1

non-paraphrastic reformulation – and that in these cases NS and NNS tend to resort to other strategies such as prosodic cues.

However, functions such as introducing a new topic rely heavily on DMs which become the preferred textual strategy in this case, a result that agrees with what was found by Jafrancesco (2015: 35) in her corpus. Besides, the onomasiological approach allows us to compare better L1 and L2 as it shows which functions are lacking in the learner varieties and which lexical elements are lacking in each function. This clarifies that the acquisition of a lexical unit does not imply necessarily that NNS are able to use that lexical unit with the appropriate functions and makes it easy to identify divergences from the L1.

As far as functions are concerned, we can see in Table 7 that there is a strong disymmetry between the different analysed functions: in L1 Italian, DMs are used mainly in the changing of a topic and online planning; they are also used in closing a topic, summing-up, closing an interaction and paraphrastic reformulation and scarcely used in the other functions (opening interaction, digression, picking up a topic and non-paraphrastic reformulation).

Table 7. Metadiscursive functions and DM tokens

	BEGINNER	INTERMEDIATE	ADVANCED	NNS	NS
Opening interaction	2	1	6	9	6
Closing interaction	8	3	7	18	27
Introduction / Change of topic	85	91	115	291	209
Closing topic	14	10	8	32	49

---

occurrence of *innazittutto* 'first of all' in NS and 2 of *prima di tutto* 'first of all' in intermediate and advanced NNS respectively. DMs with the function of continuing or closing a sequence of ideas are slightly more frequent: *da un'altra parte* 'on the other hand' (2 tokens in advanced NNS and 1 in NS), *dopo* 'secondly' (1 token in intermediate and 2 in advanced NNS) and *poi* 'secondly / then' (1 token in intermediate, advanced and NS, respectively). This shows how spoken/written varieties determine the presence or absence of discursive function and their marks.

Digression				0	2
Picking up a topic	1	4	24	29	9
Summing-up	3	3	4	10	42
Online planning	27	91	134	252	314
Paraphrastic reformulation		10	2	12	28
Non-paraphrastic reformulation	6	8	3	17	8

In learner varieties the presence of DMs in metadiscursive functions is clearly underrepresented in functions such as summing-up and paraphrastic reformulation, while markers are overrepresented in picking up a topic and non-paraphrastic reformulation. From an acquisitional point of view, we observe that DMs increase, according to expectations (Jafrancesco 2015: 11), in functions such as topic switching and recovery, and online planning, while in other cases the evolution is far from clear: their presence decreases (moving away from L1) in functions such as closing a topic and paraphrastic reformulation. These facts are still hard to explain and contradict the general expectation, but we must not forget that learners' idiosyncrasies are an important and disturbing function when analyzing learner varieties, especially in relatively small interlanguage corpuses. Finally, phenomena such as L1 (or other L2) transfer and code-switching indicate that functions have been appropriately acquired but the learner is still lacking enough lexical resources to convey them.

To sum up, the proposed onomasiological approach offers a clearer picture of the different stages in the acquisitional process as far as the presence of DMs is concerned but also pays attention to the development of certain discursive functions. DMs do not have a homogenous distribution in the different functions in the L1 and this should be a starting point to assess the progress in language acquisition (other factors such as situation, text type and discourse genre should also be taken into account). We have illustrated this approach with metadiscursive functions, but it can evidently be applied also to interactional or cognitive functions in order to have a much more complete and complex picture of the situation. Thus, it would be easier to contrast not only L1 and L2 or different learner varieties but also different L1 which could prove to be a very useful tool for translation purposes.

Finally, the onomasiological perspective conceives DMs as a possible textual strategy among many others (linguistic resources such as NP and whole utterances but also prosodic cues and other paralinguistic phenomena, mimics, kinesics) and makes possible a global understanding of the complexity of the interlanguage and its dynamic evolution, which is not limited to an increase of lexical elements and morphosyntactic constructions.

References

Andorno, C. (2007). Strutturare gli enunciati e gestire l'interazione in italiano L2. L'uso dei connettivi *anche, invece, ma, però*. In A. M. De Cesare & A. Ferrari (Eds.), *Lessico, grammatica, testualità. Acta Romanica Basiliensia* 18, 223-243.

Andorno, C. (2008). Connettivi in italiano L2 fra struttura dell'enunciato e struttura dell'interazione. In G. Bernini, L. Spreafico & A. Valentini (Eds.), *Competenze lessicali e discorsive nell'acquisizione di lingue seconde*. Perugia: Guerra, 481-510.

Bardel, C. (2003). I segnali discorsivi nell'acquisizione dell'italiano L2. In C. Crocco, R. Savy & F. Cutugno (Eds.), *API: Archivio del Parlato Italiano*. Napoli: CIRASS [DVD].

Bardel, C. (2004). La pragmatica in italiano L2: l'uso dei segnali discorsivi. In F. Albano Leoni, F. Cutugno, M. Pettorino & R. Savy (Eds.), *Il parlato italiano. Atti del convegno nazionale, Napoli 13-15 febbraio 2003*. Napoli: D'Auria [CD-Rom].

Bazzanella, C. (1995). I segnali discorsivi. In L. Renzi, G. Salvi & Anna Cardinaletti (Eds.), *Grande grammatica italiana di consultazione* (225-257). Bologna: Il Mulino.

Bazzanella, C. (2006). Discourse Markers in Italian: Towards a 'Compositional' Meaning. In K. Fischer (Ed.), *Approaches to discourse particles*. Amsterdam: Elsevier.

Bazzanella, C. & Borreguero Zuloaga, M. (2011). *Allora* e *entonces*: problemi teorici e dati empirici. In E. Khachaturyan (Ed.), *Discourse markers in Romance languages. Oslo Studies in Language* 3 (1), 7-45.

Bini, M. & Pernas, A. (2008). Marcadores discursivos en los primeros estadios de adquisición del italiano L2. In R. Monroy, A. Sánchez (Eds.), *25 años de Lingüística*

Aplicada en España: hitos y retos. Actas del VI Congreso de la Asociación Española de Lingüística Aplicada (AESLA) (25-32). Murcia: Edit.um. [CD-Rom].

Borreguero Zuloaga, M. (2009a). I connettivi avversativi nei testi scritti degli apprendenti ispanofoni di italiano L. In E. Corino & C. Marello (Eds.), *VALICO: Studi di linguistica e didattica (51-69)*. Perugia: Guerra.

Borreguero Zuloaga, M. (2009b). L'espressione dell'avversatività nel"interazione dialogica degli apprendenti di italiano L2: una prospettiva acquisizionale. In A. Ferrari (Ed.), *Sintassi storica e sincronica dell'italiano: subordinazione, coordinazione e giustapposizione. Atti del XI Convegno Internazionale della SILFI. Basilea 30 giugno-2 luglio 2008*. Firenze: Franco Cesati, 1489-1504.

Borreguero Zuloaga, M. (2012). Focalizzatori nelle varietà di apprendimento: il caso di *anche*. In P. Bianchi, N. De Blasi, C. De Caprio & F. Montuori (eds.), *La variazione nell'italiano e nella sua storia. Varietà e varianti linguistiche e testuali. Atti dell'XI Convegno della Società Internazionale di Linguistica e Filologia Italiana. Napoli, 7-10 ottobre 2010*. Firenze: Franco Cesati. Vol. 2, 617-628.

Borreguero Zuloaga, M. (2014). Anteposiciones focales en italiano y español L2. In F. San Vicente & E. Morillas (Eds.), *Oralidad contrastiva español-italiano: aspectos gramaticales, discursivos y textuales. Cuadernos AISPI* 4, 21-48.

Borreguero Zuloaga M. (2015). A vueltas con los marcadores del discurso: de nuevo sobre su delimitación y sus funciones. In A. Ferrari, L. Lala & R. Stojmenova (Eds.), *Testualità. Fondamenti, unità, relazioni* (151-170). Firenze: Franco Cesati.

Borreguero Zuloaga, M. & Pernas Izquierdo, P. (2010). Cortesia e scortesia in un contesto di apprendimento linguistico: la gestione dei turni. In M. Pettorino, A. Giannini, F. Dovetto (Eds.), *La comunicazione parlata 3. Atti del terzo congresso internazionale del Gruppo di Studio sulla Comunicazione Parlata (GSCP). Napoli, 23-25 febbraio 2009*. Napoli : Università Napoli L'Orientale. Vol. I, 227-248.

Borreguero Zuloaga, M. & Gómez-Jordana Ferary, S. (Eds.) (2015). *Marqueurs du discours dans les langues romanes: une approche contrastive*. Limoges, Lambert-Lucas.

Casula, S. (2005). I segnali discorsivi nell'interlingua degli immigrati senegalesi. A. Dettori (Ed.), *Lingue e cultura a contatto. Quaderni del Dipartimento di Linguistica ed Stilistica dell'Università di Cagliari* 4: 75-92.

De Meo, A. & Pettorino, M. (Eds) (2012). *Prosodic and Rhythmic Aspects of L2 Acquisition. The case of Italian*. New Castle-upon-Tyne: Cambridge Scholars.

Diao-Klaeger, S. & Thoerle, B. (2013). Diskursmarker in L2. In C. Bürgel & D. Siepmann (Eds.), *Sprachwissenschaft – Fremdsprachendidaktik: Neue Impulse*. Baltmannsweiler: Schneider Hohengehren, 145-160.

Ferraris, S. (2004). Come usano ma gli apprendenti di italiano L1 e L2. In G. Bernini, G. Ferrari & M. Pavesi (Eds.), *Atti del 3° congresso di studi dell'Associazione Italiana di Linguistica Applicata. Perugia 21-22 febbraio* 2002. Perugia: Guerra, 73-91.

Fischer, K. (Ed.) (2006). *Approaches to discourse particles*. Amsterdam: Elsevier.

Garcés Gómez, P. (2008). *La organización del discurso: marcadores de ordenación y de reformulación*. Madrid / Frankfurt: Iberoamericana / Vervuert.

Ghezzi, C. & Molinelli, P. (2015). Segnali allocutivi di richiamo: percorsi pragmatici e sviluppi diacronici tra latino e italiano. *Cuadernos de Filología Italiana* 21, 21-47.

Guil, P. (2009a). Segnali discorsivi come meccanismi di intensità in italiano L2. In B. Gili Fivela & C. Bazzanella (Eds.), *Fenomeni d'intensità nell'italiano parlato* (223-241). Firenze, Cesati.

Guil, P. (2009b). Interazione orale di apprendenti ispanofoni di italiano L2: usi e funzioni di *e* incipitaria. In A. Ferrari (Ed.), *Sintassi storica e sincronica dell'italiano: subordinazione, coordinazione e giustapposizione. Atti del XI Convegno Internazionale della SILFI. Basilea 30 giugno-2 luglio 2008.*. Firenze: Franco Cesati, 1504-1520.

Guil, P. (2015). Marcadores discursivos en la interlengua de aprendices de italiano L2. In M. Borreguero Zuloaga & S. Gómez Jordana Ferary (Eds.), *Marqueurs du discours dans les langues romanes: une approche contrastive*. Limoges: Lambert-Lucas, 373-385.

Guil, P., Bazzanella, C., Bini, M., Pernas, P., Gil, T., Borreguero, M., Pernas, A., Kondo, C. & Gillani, E. (2008). Marcadores discursivos y cortesía lingüística en la interacción de aprendices de italiano L2. In A. Briz et al. (Eds.), *Cortesía y conversación: de lo escrito a lo oral. Actas del III Coloquio Internacional del Programa EDICE*. Valencia: Universidad de Valencia/Programa EDICE, 711-729.

Guil, P., Pernas Izquierdo, P. & Borreguero Zuloaga, M. (2010). Descortesía en la interacción entre aprendices hispanófonos de italiano L2. In F. Orletti & L. Mariottini (Eds.), *(Des)cortesía en español. Espacios teóricos y metodológicos para su estudio*. Roma: Università Roma Tre / Programa Edice / Stockholm University, 679-704. [www.edice.org].

Hancock, V. & Sanell, A. (2010). Pragmaticalisation des adverbes temporels dans le français parlé L1 et L2: Étude développementale de alors, après, maintenant, déjà, encore et toujours. In L. Roberts, M. Howard, M. Ó Laoire & David Singleton (Eds.), EUROSLA Yearbook. Vol. 10. Amsterdam: John Benjamins, 62-91.

Jafrancesco, E. (2015). L'acquisizione dei segnali discorsivi in italiano L2. *Italiano LinguaDue* 1, 1-39.

López Serena, A. & Borreguero Zuloaga, M. (2010). Los marcadores del proyecto y la variación lengua hablada vs. lengua escrita. In Ó. Loureda & E. Acín (Eds.), *Los estudios sobre marcadores del discurso en español, hoy*. Madrid: Arco Libros, 415-495.

Manili, P. (2001). Funzioni e uso dei segnali discorsivi nell'italiano L2. *Studi e saggi linguistici*, Supplemento a *L'Italia dialettale*. Vol. LXII (n. s. XXXIX), 137-205.

Nigoević, M. & Sučić, P. (2011). Competenza pragmatica in italiano L2: l'uso dei segnali discorsivi da parte di apprendenti croati, *Italiano LinguaDue*, 2, 94-114.

Pascual Escagedo, C. (2015). Análisis de las funciones de los marcadores discursivos en las conversaciones de estudiantes italianos de E/LE. *Lingue e linguaggi* 13, 119-161.

Pauletto, F. & Bardel, C. (2015). *Direi che*: strategie di mitigazione nell'interazione di un'apprendente 'quasi nativa´. In M. Borreguero Zuloaga &S. Gómez-Jordana Ferary (Eds.), *Marqueurs du discours dans les langues romanes: une approche contrastive*. Limoges: Lambert-Lucas, 425-437.

Pernas Izquierdo, P. (2009): Il connettivo *perché* nell'interazione orale di apprendenti ispanofoni di italiano L2. In A. Ferrari (Ed.) *Sintassi storica e sincronica dell'italiano: subordinazione, coordinazione e giustapposizione. Atti del XI Convegno Internazionale della SILFI. Basilea 30 giugno-2 luglio 2008*. Firenze: Franco Cesati, 1521-1536.

Pons Bordería, S. (1998). *Oye* y *mira* o los límites de la conexión. In. M. A. Martín Zorraquino & E. Montolío (Eds.), *Los marcadores del discurso. Teoría y análisis*. Madrid: Arco Libros, 213-228.

Pons Bordería, S. (2000). Los conectores. In A. Briz & Grupo Val.Es.Co (Eds.), *Cómo se comenta un texto coloquial*. Barcelona: Ariel, 193-210.

Pons Bordería, S. (2006). A functional approach for the study of discourse markers. In K. Fisher (Ed.), *Approaches to discourse particles*. Amsterdam: Elsevier, 77-100.

Pons Bordería, S. & Estellés Arguedas, M. (2014). Absolute initial position. In S. Pons Bordería (Ed.), Discourse Segmentation in Romance Languages. Amsterdam: John Benjamins, 121-155.

Porroche, M. & Laguna, J. (2015). Los marcadores discursivos interrogativos en español: semejanzas y diferencias. In M. Borreguero Zuloaga & S. Gómez Jordana Ferary (Eds.), *Marqueurs du discours dans les langues romanes: une approche contrastive*. Limoges: Lambert-Lucas, 179-190.

Romero Trillo, J. (2002). The pragmatic fossilization of discourse markers in non-native speakers of English. *Journal of Pragmatics* 34, 769-784.

Rossari, C. (1994). *Les opérations de reformulation. Analyse du processus et des marques dans une perspective contrastive français - italien*. Bern: Peter Lang.

Schiffrin, D. (1987). *Discourse markers*. Cambridge: Cambridge University Press.

Sperber, D. & Wilson, D. (1986). *Relevance: Communication and Cognition*. Oxford: Blackwell.

LOS MARCADORES DISCURSIVOS Y OTROS MECANISMOS DE ENLACE DE ORACIONES EN EL DISCURSO[1]

María Victoria Pavón Lucero
(Universidad Carlos III de Madrid)
mvpavon@hum.uc3m.es

Resumen: El objetivo de este trabajo es revisar el concepto de marcador discursivo poniéndolo en relación con otros tipos de unidades lingüísticas que, por lo general, no se incluyen en esta clase, pero que también tienen como cometido establecer relaciones entre oraciones en el discurso. En primer lugar, observamos que, ateniéndonos a la definición habitual de estos elementos, no es posible distinguirlos de otros elementos sintácticos, como las conjunciones coordinantes y subordinantes; a continuación, comparamos su comportamiento sintáctico con el de estas mismas clases de palabras; y, por último, mostramos otros mecanismos formales que también sirven para establecer relaciones entre oraciones.

Palabras clave: Marcador discursivo, conjunción, coordinación, subordinación, yuxtaposición.

Abstract: The purpose of this paper is to review the concept of discourse marker by relating it to other types of linguistic units which are not usually included in this class, but whose grammatical function is to connect sentences in discourse. In the first place, we show that, according to the

---

[1] La investigación que subyace a este trabajo ha sido financiada con cargo al proyecto *De la oración al discurso: estudio contrastivo* (FFI2015-65189-P, MINECO/FEDER, UE).

DOI: http://dx.doi.org/10.14195/978-989-26-1445-8_2

usual definitions of discourse markers, it's not possible to distinguish them from other syntactic elements, like coordinating and subordinating conjunctions. Next, we compare their syntactic functioning with the functioning of these other word classes. Finally, we bring our attention to other formal procedures to establish grammatical and discursive relations between sentences.

Key words: Discourse marker, conjunction, coordination, subordination, juxtaposition.

1. Introducción

Los mecanismos de enlace de oraciones son un ámbito de estudio que se sitúa a medio camino entre la sintaxis de la oración y el análisis del discurso. Si bien la primera de estas disciplinas tiene un objeto de estudio y unos límites bastante precisos, con independencia de la disparidad existente entre las diversas escuelas lingüísticas que se han ocupado de su estudio, la segunda de ellas constituye un campo heterogéneo de límites poco precisos. Así lo señalan, por ejemplo, Schiffrin, Tannen y Hamilton (2001: 1), quienes sintetizan las diferentes definiciones que se han ofrecido para este campo de estudio en tres categorías principales: (1) algo que está más allá de la oración, (2) el uso del lenguaje, y (3) una diversidad de prácticas sociales que incluyen usos no lingüísticos y no específicos del lenguaje. Para nuestros efectos, y dado que vamos a hablar de mecanismos para establecer relaciones entre las oraciones que constituyen el discurso, será pertinente la primera de estas categorías: el discurso como un constructo lingüístico que está más allá de los límites de la oración.

El objetivo de esta breve contribución será revisar el concepto de marcador discursivo en relación con otras clases de unidades lingüísticas que también tienen como cometido establecer relaciones entre oraciones en el discurso, pero cuyo estudio se considera que corresponde al ámbito de la sintaxis de la oración. Para comenzar, veamos el siguiente texto:

(1) Una de las cuestiones que más me plantean en las entrevistas, <u>pero</u> también por la calle, es por qué en el programa en el que trabajo se le da tanta caña al PP. La impresión que percibe un sector de la audiencia es que la balanza está muy descompensada.
<u>Cuando</u> te detienes y les comentas que sólo se debe "dar caña" al que comete fechorías, la respuesta es siempre la misma: "Todos las hacen". [...]

Los votantes extrapolan la corrupción <u>porque</u> les resulta inadmisible creer que "los suyos" son peores que "los otros", <u>ya que</u> esto les situaría en una posición moral comprometida, y más en el caso de España, <u>donde</u> la derecha estaba toda unida en un solo partido [...]. La renuncia a votar su opción por una cuestión ética les dejaría sin alternativa <u>ya que</u>, como hemos visto, el crecimiento de Ciudadanos se ha desinflado <u>cuando</u> hicieron la puesta en escena de aquella alianza ficticia con el PSOE. Alianza, <u>aunque</u> no se entendió bien, pero que cumplía una doble función. Por un lado permitía al PSOE excluir a Podemos de cualquier posibilidad de pacto. Por otro, situaba a Ciudadanos más en el centro de lo que lo hacía la ciudadanía, empeñada en que se trataba de la marca blanca del PP, al posicionarse como una fuerza que apostaba por la gobernabilidad sin tener en cuenta la ideología, ese espacio de los que se llaman apolíticos que se empeñan en que no hay derechas ni izquierdas, pero votan a la derecha.
Sin embargo, esa actitud de compadreo con el PSOE, que le ha funcionado a Susana Díaz en Andalucía para quitarse

de encima el muerto de tener que pactar con la izquierda, a ellos no les va bien. [...]
(El gran Wyoming, "La balanza", *Infolibre*, 8/11/2016, http://www. infolibre.es/tags/ personajes/el_gran_wyoming.html)

En (1) hemos subrayado diversas unidades lingüísticas cuya función en el texto es establecer conexiones, desde un punto de vista semántico y formal, entre distintas oraciones[2]. Esas unidades son las que en (2) presentamos agrupadas por clases:

(2) a. Conjunciones coordinantes: *pero*.
b. Conjunciones subordinantes: *porque; ya que; aunque*. [3]
c. Adverbios relativos: *cuando; donde*.
d. Preposiciones: *para; a(l)*.[4]
e. Marcadores discursivos: *por un lado... por otro; sin embargo*.

Como podemos ver, todas las unidades de (2) aparecen clasificadas por su categoría gramatical, a excepción de los marcadores discursivos. Podríamos, tal vez, haber utilizado para ellos el nombre de alguna categoría gramatical, por ejemplo, adverbio o locución adverbial, pero esto presentaría dos problemas: en primer lugar, no está claro que solo sean adverbios las unidades que constituyen

---

[2] Hemos excluido algunos pronombres relativos que introducen oraciones en función de complemento del nombre, los pronombres interrogativos y las conjunciones que introducen oraciones subordinadas completivas.

[3] La mayoría de las conjunciones subordinantes que encabezan subordinadas adverbiales en español son en realidad locuciones conjuntivas, formadas a partir de otros elementos, como una preposición o un adverbio, seguidos de la conjunción *que* (<*por* + que>, <*ya* + que>, <*aun* + que>). Son muy pocas las conjunciones simples, como *si* condicional (<u>*Si*</u> *llueve, se mojará la ropa*), o *como* condicional (<u>*Como*</u> *llueva, se mojará la ropa*) o causal (<u>*Como*</u> *llovió, la ropa se mojó*).

[4] Como veremos en el apartado 4, quizás podríamos incluir aquí la locución conjuntiva *porque*, que hemos recogido en (2b).

esta clase[5]; en segundo lugar, mientras que clases de palabras como 'conjunción', 'adverbio relativo' o 'preposición' son, por su propia definición, elementos de unión, de enlace, la denominación 'adverbio', sin embargo, no recogería de forma transparente la función discursiva de enlace de oraciones que los marcadores del discurso llevan a cabo. Y es que, precisamente, la clasificación de estos elementos como tales solo toma en cuenta esa función.

En los apartados que siguen, en primer lugar revisaremos el concepto de marcador discursivo, y veremos que, ateniéndonos a la definición habitual de estos elementos, no es posible distinguirlos de otros elementos sintácticos, como las conjunciones coordinantes y subordinantes; a continuación compararemos su comportamiento sintáctico con el de estas mismas clases de palabras y, por último, mostraremos otros mecanismos formales que también sirven para establecer relaciones entre oraciones.

2. La definición de *marcador del discurso*

Martín Zorraquino y Portolés Lázaro (1999) definen el concepto de *marcador del discurso* del siguiente modo (véase también Portolés 2016):

(3) Los 'marcadores del discurso' son unidades lingüísticas invariables, no ejercen una función sintáctica en el marco de la predicación oracional –son, pues, elementos marginales– y poseen un cometido coincidente en el discurso: el de guiar, de acuerdo con sus distintas propiedades morfosintácticas,

---

[5] La disparidad de elementos gramaticales que muchas veces se recogen dentro de la clase de los marcadores discursivos aparece señalada en numerosos trabajos sobre el tema, entre los que basta mencionar Jucker y Ziv (1998) y RAE-ASALE (2009: § 30.12a).

semánticas y pragmáticas, las inferencias que se realizan en la comunicación. (Martín Zorraquino y Portolés Lázaro 1999: § 63.1.2)

Si revisamos esta definición, vemos que ninguna de las tres propiedades que distinguen a los marcadores discursivos (la invariabilidad, el no llevar a cabo una función sintáctica y el orientar las inferencias en el discurso) permite diferenciarlos de otras clases de elementos de enlace, como las conjunciones. En efecto, tanto los marcadores discursivos como las conjunciones, ya sean coordinantes o subordinantes, son "unidades lingüísticas invariables". En segundo lugar, al igual que los marcadores, las conjunciones tampoco desempeñan una función sintáctica en el marco de la predicación oracional: su función es estructural, de enlace, y, efectivamente, no se puede determinar desde el punto de vista de la predicación, como sí ocurre con funciones como sujeto, complemento directo, etc. Por último, tampoco es exclusivo de los marcadores del discurso el cometido de guiar las inferencias pragmáticas que se realizan en la comunicación. ¿Qué otra cosa hacen, en el texto recogido en (1), conjunciones (o locuciones conjuntivas) como *pero* o *ya que*?

3. Mecanismos formales para el enlace de oraciones en el discurso y sus diferencias: marcadores discursivos y conjunciones

Desde el punto de vista de la sintaxis de la oración, podemos distinguir los siguientes mecanismos formales para el enlace de oraciones:

(4) a. Coordinación (conjunciones coordinantes).
    b. Subordinación (conjunciones subordinantes).
    c. Yuxtaposición (marcadores del discurso).

Los mecanismos de la coordinación y la subordinación disponen de elementos específicos que son los que marcan formalmente el enlace entre las oraciones: las conjunciones[6]. En cuanto a la yuxtaposición, se caracteriza precisamente por la ausencia de elementos formales explícitos de enlace. Si en (4c) hemos indicado entre paréntesis 'marcadores del discurso' no es porque estos elementos sean necesarios desde el punto de vista formal, que no lo son. Los hemos situado allí porque, en ausencia de un elemento de enlace que, además de llevar a cabo una función sintáctica específica, nos permita interpretar el sentido en que las oraciones están relacionadas, los marcadores discursivos permiten establecer esa relación semántica precisamente cuando no hay otros nexos. Por decirlo de otro modo, si bien su presencia no es necesaria desde el punto de vista de la arquitectura sintáctica, es un elemento que contribuye a la cohesión semántica del texto.

Vamos ahora a revisar las diferencias formales existentes entre los mecanismos de enlace de oraciones señalados en (4). En el caso de la subordinación, nos vamos a ceñir en nuestra exposición al caso de las oraciones subordinadas adverbiales. El motivo es que estas oraciones, a diferencia de las sustantivas y adjetivas, no necesariamente forman un constituyente de la oración principal (como sucedería con la oración temporal encabezada por *cuando* en *El teléfono sonó <u>cuando ya me había acostado</u>,* donde desempeña la función de complemento circunstancial de tiempo), sino que, en muchas ocasiones, ocupan una posición sintáctica externa a esta. Así, por ejemplo, en la oración, tomada del texto de (1), *Los votantes*

---

[6] No mencionaré aquí más que tangencialmente el hecho de que la mayoría de las conjunciones, sobre todo las que introducen oraciones subordinadas adverbiales, son en realidad locuciones conjuntivas, con distintos orígenes y distintos grados de gramaticalización (véase Pavón Lucero 2012: § 6.2.2). Por otra parte, como veremos en el apartado 4, el fenómeno de la llamada subordinación adverbial comprende en realidad una multiplicidad de estructuras sintácticas. Puede consultarse al respecto Pavón Lucero (2012; 2016a) y Brucart y Gallego (2009; 2016).

extrapolan la corrupción <u>porque</u> les resulta inadmisible creer que "los suyos" son peores que "los otros", <u>ya que</u> esto les situaría en una posición moral comprometida, nos encontramos con dos oraciones subordinadas causales: una, encabezada por *porque,* que parece integrada dentro del sintagma verbal predicado, y otra, encabezada por *ya que,* que se sitúa en una posición más externa, desde la que modifica a toda la oración principal. Para dar cuenta de ello, diversos autores, como Rojo (1978), Moya (1989) y Molina Redondo (1995), añaden a los conceptos de coordinación y subordinación el de *interordinación.* Las oraciones *interordinadas* se diferencian de las subordinadas en el hecho de que ninguna de las oraciones es un constituyente de la otra (véase también RAE-ASALE 2009: § 47.1i). Por razón de esta diversidad de grados de dependencia entre la oración subordinada y la principal, el estudio de la subordinación adverbial se sitúa a medio camino entre la oración y el discurso.[7]

Para comparar los tres tipos de procedimientos señalados, revisemos el siguiente texto:

(5) <u>Aunque</u> algunas facetas de estas teorías basadas en los instintos son atractivas y poseen una cierta carga de racionalidad, la verdad es que la tesis de las raíces naturales y espontáneas de la violencia humana no es hoy en día defendible. Es

---

[7] Además de los señalados, son muchos otros los autores que han llamado la atención sobre los diferentes niveles en que puede concretarse la relación de dependencia formal entre la oración subordinada y la oración principal. Así, por ejemplo, Holler (2008) distingue entre la simple dependencia ("dependence") y la incrustación ("embeddedness"). Las oraciones dependientes, a diferencia de las incrustadas, no desempeñan una función sintáctica en la oración principal, con la que guardan una relación fundamentalmente discursiva. Otro ejemplo puede ser el de Lehman (1988), quien establece un continuo dentro de las relaciones oracionales que va desde las oraciones independientes ("elaboration") hasta los casos de mayor incrustación de la oración subordinada en la principal ("compression"). En este continuo, que incluiría también la coordinación y la yuxtaposición, la subordinación abarcaría un espectro que contempla diversos grados de dependencia hasta la mayor incrustación. Para más referencias sobre esta cuestión, véase Pavón Lucero 2016a: 18-21.

cierto que la persona es la criatura más cruel que hay sobre la Tierra, pero también es verdad que sólo algunos hombres y mujeres lo son. Acusar a toda la especie humana por los terribles excesos cometidos por una clara minoría es erróneo e injusto. Todos nacemos con el potencial para ser violentos. Pero también nacemos con la capacidad para la compasión, la generosidad, la abnegación y la empatía.

En definitiva, como ya afirmé al principio de este prólogo, la violencia se aprende y se aprende a fondo. A los pocos días de nacer, las criaturas normales ya se relacionan activamente con su entorno y se adaptan a los estímulos externos. Desde estos primeros instantes, si sus necesidades biológicas y emocionales se satisfacen razonablemente, los pequeños comienzan a desarrollar el sentido de seguridad en sí mismos y en los demás. Si, por el contrario, sus exigencias vitales son ignoradas, tienden a adoptar un talante desconfiado y temeroso.

(Luis Rojas Marcos, "Prólogo", *Las semillas de la violencia*, Madrid, Espasa, 1996)

El texto recogido en (5) resulta especialmente interesante para nuestros propósitos porque en él se emplean los tres procedimientos de enlace vistos en (4) para expresar un mismo tipo de relaciones. El texto contrapone dos hipótesis: la de las raíces espontáneas de la violencia y la de que la violencia es un comportamiento aprendido, que es la que defiende el autor. A lo largo de él, el autor revisa argumentos en defensa de la primera hipótesis, a los que contrapone los suyos, en defensa de la segunda. Y para ello emplea la subordinación, mediante la conjunción subordinante *aunque;* la coordinación, mediante la conjunción *pero,* y la yuxtaposición, en la que el marcador discursivo *por el contrario* es el encargado de marcar la relación de contraposición que se establece entre las oraciones yuxtapuestas.

Veamos a continuación algunas diferencias entre los tres mecanismos formales señalados, para lo que comenzaremos contrastando las secuencias enlazadas por marcadores discursivos y las encabezadas por conjunciones. La diferencia fundamental, en este sentido, es que los marcadores discursivos están en una posición sintáctica más externa que las conjunciones en relación con la oración que introducen: son incisos y, como tales, pueden aparecer en diversas posiciones, según podemos apreciar en los ejemplos de (6):

(6) a. Si, *por el contrario*, sus exigencias vitales son ignoradas, tienden a adoptar un talante desconfiado y temeroso.
b. *Por el contrario*, si sus exigencias vitales son ignoradas, tienden a adoptar un talante desconfiado y temeroso.
c. Si sus exigencias vitales son ignoradas, tienden, *por el contrario*, a adoptar un talante desconfiado y temeroso.

Las conjunciones, sin embargo, ya sean coordinantes o subordinantes, deben ir al comienzo de la oración que introducen, y no son incisos:

(7) a. Es cierto que la persona es la criatura más cruel que hay sobre la Tierra, *pero* también es verdad que sólo algunos hombres y mujeres lo son.
b. Todos nacemos con el potencial para ser violentos. *Pero* también nacemos con la capacidad para la compasión, la generosidad, la abnegación y la empatía.
c. *Todos nacemos con el potencial para ser violentos *pero*. También nacemos con la capacidad para la compasión, la generosidad, la abnegación y la empatía.

También entre las oraciones encabezadas por conjunciones coordinantes y subordinantes existen diferencias[8]. Una de ellas es que, mientras que la oración encabezada por la conjunción subordinante puede preceder o seguir a la oración principal (véase (8)), la oración precedida por la conjunción coordinante no puede anteponerse a la oración con la que se coordina, como muestra (9):

(8) a. *Aunque* algunas facetas de estas teorías basadas en los instintos son atractivas y poseen una cierta carga de racionalidad, la verdad es que la tesis de las raíces naturales y espontáneas de la violencia humana no es hoy en día defendible.
b. En el fondo, no le importa, *aunque* el olor a algas frescas a veces lo asquea [...] (Alexánder Obando Bolaños, *El más violento paraíso;* CREA)
(9) *Pero también es verdad que sólo algunos hombres y mujeres lo son, es cierto que la persona es la criatura más cruel que hay sobre la Tierra.

Hemos visto diferencias gramaticales entre los diversos mecanismos de enlace de oraciones y las partículas responsables de ellos. Ahora bien, ¿a qué categoría gramatical corresponden los marcadores discursivos? La RAE-ASALE (2009: § 30.12a) dice al respecto lo siguiente:

(10) [...] el concepto de CONECTOR DISCURSIVO (también MARCADOR u OPERADOR DISCURSIVO o DEL DISCURSO) no

---

[8] En determinados modelos teóricos, como el de la Gramática Generativa, se considera que la conjunción es el núcleo sintáctico de la secuencia que encabeza (véase al respecto Pavón 2016b y las referencias allí señaladas). Siendo así, esta propiedad de las oraciones subordinadas derivaría de una propiedad de su núcleo, la conjunción.

constituye una clase sintáctica de palabras análoga a *verbo, conjunción* o *adverbio,* sino un grupo establecido con criterios textuales. La mayor parte de los conectores discursivos son adverbios o locuciones adverbiales, pero algunos son conjunciones, preposiciones, interjecciones o bien locuciones formadas con todas estas clases de palabras.

Desde un punto de vista gramatical, pueden pertenecer a diversas clases de palabras. Por ejemplo, entre los marcadores que recogíamos en (2e) encontramos dos sintagmas preposicionales (*por un lado... por otro...*) y una locución adverbial (*sin embargo*). La mayoría de ellos, de hecho, son adverbios o locuciones adverbiales (véase RAE-ASALE: § 13.12).

Queda claro que la de los marcadores discursivos es una clase establecida según criterios textuales, y no gramaticales. Ahora bien, la pregunta que cabe hacerse es por qué, normalmente, el estudio de la coordinación y la subordinación y, en consecuencia, de las unidades que introducen las oraciones coordinadas y subordinadas, se excluye del estudio de las unidades que sirven para "guiar, de acuerdo con sus distintas propiedades morfosintácticas, semánticas y pragmáticas, las inferencias que se realizan en la comunicación"[9], como se define a los marcadores discursivos según veíamos en (2). Y no son solo conjunciones las partículas que participan en estos mecanismos de enlace, pues, como veremos en el apartado siguiente, son otras muchas las estructuras, y las unidades lingüísticas, que participan en ellos.

---

[9] Por poner solo un ejemplo, entre los conectores contraargumentativos recogidos por Portolés (2016: 694) se encuentran las locuciones adverbiales *en cambio, por el contrario, sin embargo,* etc., pero no las conjunciones *pero* o *aunque.*

4. Otras clases sintácticas en el enlace de oraciones

Hemos hablado de conjunciones coordinantes y subordinantes, pero son más las categorías que participan en el enlace de oraciones. En realidad, como se ha señalado en diversos trabajos (Pavón Lucero 2012 y 2016a, y Brucart y Gallego 2009 y 2016, entre otros), el fenómeno de la subordinación adverbial es muy complejo y no se puede reducir a una sola estructura.

Podemos, por ejemplo, encontrar grupos o sintagmas preposicionales entre las llamadas oraciones subordinadas adverbiales. Es lo que sucede con las oraciones finales encabezadas por *para que*, secuencia formada por la preposición *para* y la conjunción *que*, que introduce oraciones subordinadas sustantivas. También es esta la estructura de partida de las oraciones causales que, como la de (11a), están encabezadas por *porque*, locución conjuntiva formada por la amalgama de la preposición *por* y la conjunción *que*.[10] De hecho, como señala RAE-ASALE (2009: § 46.2a), la oración encabezada por la conjunción subordinante *que* alterna en el término de la preposición *por* con una oración de infinitivo, (11b), un grupo nominal, (11c), o un pronombre neutro, (11d):

(11) a. Estaba muy triste, porque creía que ya no nos veríamos nunca más. (Adelaida García Morales, El sur seguido de Bene; CREA)
b. Lo felicitaron *por haber salido antes de cumplir la condena*, debido a buena conducta. (Manuel Puig, *El beso de la mujer araña*; CREA)

---

[10] También *para que* ha sido caracterizada como locución conjuntiva en la tradición gramatical española. De hecho, la diferencia fundamental entre las secuencias *porque* y *para que* es la separación gráfica de los elementos que componen la segunda, frente a la primera. Como se indica en RAE-ASALE (2009: § 46.2a), las construcciones encabezadas por una y otra admitirían un doble análisis: como oraciones encabezadas por locuciones conjuntivas o como sintagmas preposicionales que contienen una oración subordinada sustantiva como término de la preposición.

c. Es más, casi que los veo y me desmayo *por su grandilocuencia.* (José Andrés Rojo, *Hotel Madrid;* CREA)

d. Y quizá *por eso,* porque no encontraba el modelo reencarnado de su ideal, a los 35 años, después de dos fallidos romances, permanecía soltera. (Samuel Rovinski, *Herencia de sombras;* CREA)

Por otra parte, cuando revisamos el texto de (1) observamos también la presencia de otro tipo de unidades, como adverbios relativos. Tenemos, por lo tanto, una estructura sintáctica más dentro de lo que habitualmente se conoce como subordinación adverbial. Recordemos el ejemplo que aparecía en el texto citado:

(12) *Cuando* te detienes y les comentas que sólo se debe "dar caña" al que comete fechorías, la respuesta es siempre la misma [...]

Y podríamos añadir todavía al menos una estructura más: el grupo adverbial. Efectivamente, en (13a) tenemos un grupo adverbial cuyo núcleo es el adverbio *además,* que toma como complemento una oración subordinada sustantiva precedida de *que.* Vale la pena observar que ese mismo adverbio aparece sin complemento en (13b) y que en este caso se consideraría un marcador discursivo. Pero la relación semántica que establece entre las dos oraciones yuxtapuestas es la misma que en (13a), donde una de las dos oraciones es complemento del adverbio.

(13) a. *Además de que tendríamos un apartamento en Caracas*, podríamos irnos de temporada [...] [Guillermo Cabrera Infante, *La Habana para un infante difunto;* CREA]

b. Tendríamos un apartamento en Caracas. *Además*, podríamos irnos de temporada.

5. Conclusiones

Desde el punto de vista gramatical, los procedimientos de enlace de oraciones son muy variados, y en ellos intervienen unidades lingüísticas pertenecientes a diversas clases de palabras, con comportamientos formales, consecuentemente, muy distintos. Todas ellas comparten, sin embargo, un mismo cometido discursivo: el de establecer las relaciones semánticas existentes entre las diversas oraciones que conforman el texto. Es esta, según indican las definiciones habituales de esta clase de elementos, la tarea de los marcadores discursivos (véase, más arriba, la definición de (2)). Sin embargo, dentro de esta clase de elementos textuales solo se suele incluir a una parte de las unidades gramaticales capaces de realizar este cometido, unidades que, generalmente, corresponden a la categoría gramatical de adverbio. El objetivo de nuestro trabajo ha sido, precisamente, llamar la atención sobre este hecho, que nos lleva a plantearnos dónde se encuentran, verdaderamente, los límites entre la gramática de la oración y la gramática del discurso.

6. Referencias

Bosque, Ignacio y Demonte, Violeta (Dirs.) (1999). *Gramática descriptiva de la lengua española*. 3 vols. Madrid: Espasa Calpe.

Brucart, José M.ª y Gallego, Ángel (2009). "L'estudi formal de la subordinació i l'estatus de les subordinades adverbials", *Llengua & Literatura,* 20, 139-191.

Brucart, José M.ª y Gallego, Ángel (2016). Aspectos formales e interpretativos de la subordinación adverbial. In Pavón Lucero, M.ª Victoria (Ed.), *Las relaciones interoracionales. Categorías sintácticas y subordinación adverbial*. Berlin/Boston: De Gruyter, 161-199.

CREA = Real Academia Española: Banco de datos (CREA) [en línea]. *Corpus de referencia del español actual.* <http://www.rae.es>

Gutiérrez-Rexach, Javier (Ed.) (2016). *Enciclopedia de lingüística hispánica,* 2 vols. London/New York: Routledge.

Holler, Anke (2008). German dependent clauses from a constraint-based perspective. In Fabricious-Hansen, Catherine y Ramm, Wiebke (Eds.), *'Subordination' versus*

'Coordination' in Sentence and Text. A Cross-Linguistic Perspective. Amsterdam/ Philadelphia: John Benjamins, 187-216.

Lehmann, Christian (1988). Towards a Typology of Clause Linkage. In Haiman, John y Thompson, Sandra A. (Eds.), *Clause Combinng in Grammar and* Discourse. Amsterdam/ Philadelphia: John Benjamins, 181-225.

López García, Ángel (1999). Relaciones paratácticas e hipotácticas. In Bosque, Ignacio y Demonte, Violeta (Dirs.), 3507-3547.

Martín Zorraquino, M.ª Antonia y Portolés Lázaro, José (1999). Los marcadores del discurso. In Bosque, Ignacio y Demonte, Violeta (Dirs.), 4051-4213.

Molina Redondo, José Andrés de (1995). En torno a la oración «compuesta» en español. In Serra Alegre, Enric, Gallardo Paúls, Beatriz, Veyrat Rigat, Montserrat, Jorques Jiménez, Daniel y Alcina Caudet, Amparo (Eds.), *Panorama de la investigació lingüística a l'Estat Espanyol*. Vol. I. Valencia: Universitat de València, 19-30.

Moya Corral, Juan Antonio (1989). Coordinación e interordinación, dos relaciones conjuntivas. In Borrego Nieto, Julio, Gómez Asencio, José J. y Santos Ríos, Luis (Eds.), *Philologica II. Homenaje a D. Antonio Llorente*. Salamanca: Ediciones de la Universidad, 211-226.

Pavón Lucero, M.ª Victoria (2012). *Estructuras sintácticas en la subordinación adverbial*, Madrid: Arco Libros.

Pavón Lucero, M.ª Victoria (Ed.) (2016). *Las relaciones interoracionales. Categorías sintácticas y subordinación adverbial*, Berlin/Boston: De Gruyter.

Pavón Lucero, M.ª Victoria (2016a). Relaciones entre oraciones y subordinación adverbial. In Pavón Lucero, M.ª Victoria (Ed.), *Las relaciones interoracionales. Categorías sintácticas y subordinación adverbial*, Berlin/Boston: De Gruyter, 11-39.

Pavón Lucero, M.ª Victoria (2016b). Conjunciones. In Gutiérrez-Rexach, Javier (Ed.), *Enciclopedia de lingüística hispánica*, Vol. 1. London/New York: Routledge, 473-483.

Portolés, José (2016). Marcadores del discurso. In Gutiérrez-Rexach, Javier (Ed.), *Enciclopedia de lingüística hispánica*. Vol. 1. London/New York: Routledge, 689-699.

Rojo, Guillermo (1978). *Claúsulas y oraciones*, Universidad de Santiago de Compostela.

Schiffrin, Deborah, Tannen, Deborah y Hamilton, Heidi E. (2001). Introduction. In Shiffrin, Deborah, Tannen, Deborah y Hamilton, Heidi E. (Eds.), *The Handbook of Discourse Analysis*, Oxford: Blackwell, 1-10.

CUESTIONES RETÓRICO-TRADUCTOLÓGICAS DE LOS MARCADORES DEL DISCURSO (Y DE SU AUSENCIA), EJEMPLIFICADAS EN LA TRADUCCIÓN ESPAÑOLA DE *ATEMSCHAUKEL* (HERTA MÜLLER)

Alberto Gil
(Universität des Saarlandes – Saarbrücken)
a.gil@mx.uni-saarland.de

Abstract: Los marcadores discursivos (MD) cumplen la importante función de procesar la información. Por eso son un apreciado campo de investigación tanto en la lingüística del texto como en la traductología. Para su estudio importa tanto su presencia como su ausencia, es decir su uso implícito, ya que este último puede transportar instrucciones sutiles e incluso poéticas. En Lingüística se ha tratado esporádicamente esta falta de explicitud en los MD, pero en Traductología no se ha trabajado aún sobre el tema. En el presente artículo se intenta impulsar este estudio poniendo las bases teórico-traductológicas correspondientes y aplicándolas a la traducción española de la sutil y poética novela de Herta Müller, *Atemschaukel*. En este estudio puede ya entreverse cómo la necesidad de explicitud de ciertos MD en la traducción lleva o bien a la pérdida de matices poéticos o a una objetivación del texto que lo va convirtiendo en casi técnico. Se propone una mayor correspondencia entre hermenéutica y creatividad, observando esta relación bidireccionalmente, es decir, partiendo de que la creatividad que lleva a una mejor comprensión del original es la mejor forma de traducir.

Palabras clave: marcadores discursivos; traducción literaria; interpretación; hermenéutica; creatividad

Abstract: Discourse markers (DM) play an important role in the processing of information. They are therefore a significant topic of research in Text Linguistics and Translation Studies. Research into not only their presence but their absence is important and in particular their implicit use for conveying subtle and even poetic instructions. This implicit use of DMs has occasionally been the subject of studies in Text Linguistics, but not in Translation. This paper intends to promote this research, establishing initially the theoretical basis of Translation Studies and applying them to the translation into Spanish of Herta Müller's subtle and poetic novel *Atemschaukel*. In this study, the explicitness of some of the DMs results in the loss of poetic nuance and the objectivation of the translated text turns some parts of the original into rather technical utterances. We propose a translation method in which there is a greater correspondence between hermeneutics and creativity, observing this relationship bidirectionally, in other words, starting with the creativity which leads to a better comprehension of the original.

Key words: discourse markers; literary translation; interpretation; hermeneutics; creativity

Introducción: Marcadores discursivos y traducción

Existe consenso en que los marcadores del discurso (en adelante MD) tienen un significado de procesamiento, es decir, que sirven de señalizaciones para ayudar a la interpretación de un texto. Ya Karl Bühler (1982: 390), hablando de los recursos de la anáfora textual, utilizaba la imagen de las flechas, que, si pudieran hablar, irían orientando al lector hacia dónde ha de mirar, para así entablar las relaciones contextuales convenientes. Pero, como no pueden hablar, es el lector quien, con ayuda de estas señales, activa su capacidad cognitiva en la recepción del texto.

En el presente artículo nos preguntamos: Y si faltan estos MD? Bien sea por descuido o bien, más frecuentemente, sobre todo en literatura, porque su falta obedece a una opción estilística. No se ha estudiado mucho este tema, si bien se pueden hacer algunas referencias. Catalina Fuentes (2010: 722) señala para estos casos las siguientes posibilidades:

1) El emisor elude su responsabilidad, dejando la comunicación abierta y/o pretendidamente confusa.
2) Se deja al receptor mayor libertad para inferir lo más accesible a su mente.
3) Esta estrategia potencia y enriquece el mensaje, porque admite varias líneas, varias continuaciones de interpretación.
4) En definitiva: es el lector quien tiene que completar lo no expresado explícitamente, interpretarlo.

Esta última actividad hermenéutica es parte constituyente de toda traducción, pero, a su vez, el estudio de las decisiones del traductor (dejar en la traducción, como en el original, el marcador 0, o bien interpretar ese hueco con un marcador de la lengua de llegada) dará luz, por su explicitud, al estudio de las instrucciones contenidas en los marcadores, al tratar de explicarse por qué se emplean de una manera o de otra.

Así pues, desde esta perspectiva traductológica, nos preguntamos concretamente: ¿Cómo es esta relación entre interpretar y traducir? (En nuestro centro de investigación en Saarbrücken hablamos de la relación entre hermenéutica y creatividad, (cfr. www. www.hermeneutik-und-kreativitaet.de). ¿Se trata de una relación unidireccional o bidireccional? Es decir, ¿solo se puede traducir después de una perfecta hermenéutica o bien es el proceso creativo de la traducción un paso importante para la interpretación, al verse uno obligado a monosemizar lo que en principio era un signo polisémico? La otra cuestión concreta es si en el caso de lo implícito en el original, la explicitud de la traducción sirve para entender mejor el texto o bien desarticula la poeticidad del original, cosificándolo.

Trataremos de responder a estas preguntas dando los siguientes pasos: en primer lugar, pondremos las bases de una fundamentación teórico-traductológica, para seguidamente pasar a aplicar esos conocimientos a una traducción concreta, en nuestro caso haremos un análisis de pasajes seleccionados de Herta Müller, premio nobel de literatura en 2009, especialmente de su novela *Atemschaukel*.

Fundamentación teórico-traductológica

En traductología se ha tratado poco este campo de los MD, pues los estudios de traducciones se concentran sobre todo en fenómenos al parecer de mayor vigencia textual, como vocabulario, macro y microestructuras, cuestiones culturales y de estilo, etc., sin haberse dado mucho cuenta de la relevancia traductológica de estos MD, tan decisivos precisamente para la creación de textualidad desde su perspectiva cognitivo-comunicativa.[1] De todas formas, se pueden entresacar algunos trabajos al respecto, de gran valor orientador:

a) un estudio básico de Portolés en lengua española del 2002;
b) dos tesis doctorales en lengua alemana que se centran en marcadores específicos: Wienen (2006): los así llamados "conectores clivados" (ej. *es por eso que* o bien *c'est pour cela que*) y Schröpf (2009): secuencias conectivas del tipo *y además / et en plus* o bien *y sin embargo / et pourtant*.

No conozco estudios sobre el fenómeno de la explicitación de los MD o del mantenimiento de su ausencia en la traducción, si bien, como hemos visto en Catalina Fuentes, se reconoce como cuestión a estudiar. De los estudios mencionados entresacamos las obser-

---

[1] De ahí la importancia de los *Colóquios MarDisT* de la Universidad de Coimbra.

vaciones que tienen más relación con la cuestión aquí abordada: Portolés (2002) pone de relieve, al comparar las lenguas y estudiar traducciones, que no solo no se puede hablar de una equivalencia de marcadores en las diversas lenguas (155), sino que tampoco existe un paralelismo completo entre las lenguas para procesar la información (156). Precisamente el hecho de que en la lengua de partida no haya un marcador, pero sí se ponga en la de llegada, prueba que no existen instrucciones universales de procesamiento que estén igualmente codificadas en las diferentes lenguas (159).

En las tesis alemanas se profundizan y amplían estas ideas. A la pregunta de por qué no se encuentran frecuentemente equivalentes de marcadores en las traducciones responde Schröpf (2009: 274), como resultado de un análisis amplio de diferentes traducciones y traductores, recalcando que en el original los MD mismos dejan amplios márgenes de interpretación, lo que explica que vengan interpretados diferentemente por los diferentes traductores. Es decir, la polifuncionalidad del marcador lleva consigo una diversidad de interpretaciones y, por consiguiente, de traducciones. Esta pluridimensionalidad de la traducción se acentúa cuando la función principal del marcador consiste en crear presuposiciones, como es el caso de los conectores estudiados por Wienen. En este tipo de MD (cfr. Wienen 2006: 373 y ss.), la traducción está ligada a la reproducción de la estructura de la información, en la que se combinan la perspectiva del emisor (foco-fondo) con la del receptor (tema-rema). En textos como el que analizaremos más abajo en esta contribución, esta función de estructurar la información es de suma importancia, dadas las características propias de la prosa artística.

Resumiendo, podemos constatar que el traducir o no traducir un MD está ligado en primer lugar a la tipología de cada lengua. Además, los márgenes de interpretación pueden variar según los traductores y, finalmente, los MD están muy relacionados con lo implícito, el gran problema de la traducción, pero uno de los más interesantes para la investigación, que vale la pena observar un poco más detenidamente.

Ideas de fondo a este respecto, y que conviene discutir, parten no de un traductólogo, sino de un filósofo, de Hans-Georg Gadamer y de sus reflexiones sobre lenguaje y traducción. En su famoso ensayo de 1966 „Mensch und Sprache" ("El hombre y la lengua") (1993: 146-154) distingue el conocido hermenéutico tres dimensiones de la traducción, que traemos a colación telegráficamente:

I. el hecho de traducir
II. los límites de la traducción
III. la principal tarea del traductor

ad I. El hecho de traducir
La traducción no es una mera transformación lingüística (*Sprachstoff*), el traductor es siempre un autor (*ein Sagender*).

ad II. Los límites de la traducción
Los límites están en lo implícito. Se traduce lo dicho. El verdadero sentido se despliega en el lenguaje original y se va diluyendo en su repetición y transformación.

ad III. La principal tarea del traductor
Por eso, el traductor no es un copista del original, sino un escritor que utiliza la lengua para expresar lo que realmente constituye el sentido total del original.

La cuestión de fondo en nuestro caso es si lo implícito es realmente el límite de la traducción o bien el lugar donde se desarrolla la dimensión traductológicamente más importante, pues ahí es donde se cumple la tarea principal del traductor: ser un escritor, pero evidentemente un escritor-transmisor.

En base a este papel tan activo y creativo del traductor se podría decir que la relación entre hermenéutica y creatividad no es unidireccional, es decir, se ha de entender el texto de origen perfectamente para poder traducirlo, sino que es bidireccional: precisamente en el acto creativo de traducir se llega a comprender definitivamente el texto de origen. No es aquí el lugar para una exposición sistemática de la hermenéutica traductológica, para ello remito a Cercel (2013), que desarrolla el tema tanto histórica como sistemáticamente.

Aquí trataremos de responder a estas preguntas sobre la base de una traducción profesional de un texto de especiales dimensiones poéticas, *Atemschaukel*, de Herta Müller, preguntándonos si la traducción o no traducción de MD sirve para una interpretación más aguda de las instrucciones contenidas en los marcadores.

Análisis de pasajes seleccionados de Herta Müller, especialmente de su novela *Atemschaukel*

La novela *Atemschaukel* es un objeto adecuado para el estudio del fenómeno de la presencia o ausencia de marcadores, ya que la prosa de Herta Müller presenta un estilo peculiar, que podríamos llamar "telegráfico-poético". En otro estudio (Gil, 2014) he analizado éste y otros fenómenos de esta prosa como típicos del estilo de Herta Müller. Remito a este trabajo, donde se encuentra abundante bibliografía sobre el leguaje y estilo de la novelista germano-rumana. Aquí nos ceñiremos al aspecto de los MD con el siguiente objetivo: analizar las medidas de compensación para explicitar o no lo que en el estilo del original no se ha hecho patente. Hemos podido observar tres fenómenos de traducción, sobre los que habrá que reflexionar traductológicamente.

a) Se cambian o se añaden conectores

b) Se utilizan otros recursos, que conllevan sus aciertos y sus problemas

c) No se traducen partículas modales alemanas (modalizadores), con el consiguiente desequilibrio textual

Los dos primeros se ejemplifican con conectores y el tercero con modalizadores. Finalmente trataremos de explicarnos lo que aporta este análisis a la cuestión aquí abordada sobre el procesamiento semántico y su dimensión translatológica.

ad a) Se cambian o se añaden conectores

(1) Fenómeno: un conector polisémico del original se monosemantiza en la traducción:

| Am 9. Mai jährte sich zum ersten Mal der Frieden. **Und** er hat uns wieder nichts genutzt, für uns war es das zweite Lagerjahr. (127) | El 9 de mayo se cumplió el primer aniversario de la paz. **Mas** tampoco nos sirvió de nada, fue nuestro segundo año en el campo de trabajo. (115) |

En español sería también posible utilizar el conector **Y** con su polisemia aditiva y adversativa. El traductor opta aquí, sin embargo, por la explicitación de la relación semántica adversativa, lo que, sin embargo, no refleja la sensación de desilusión del *und* alemán combinado con el marcador aspectual repetitivo *wieder*. En español se reflejaría con *Y volvió a no servirnos de nada*.

El ejemplo (2) constituye un caso claro de interpretación: al conector 0 del original se le añade la conjunción final **para que**:

(2)

Unsere Fuhren wurden auch nicht wegen der Schönheit gemacht. Wir holten tonnenweise gelben Sand, die Baustellen fraßen ihn. (127)	Tampoco nosotros la transportábamos por su belleza. Traíamos toneladas de arena amarilla **para que** las obras la devorasen. (115 y s.)

Nos preguntamos: ¿Qué consecuencias tiene este acto de creatividad? En alemán, el narrador es, sobre la base de la concatenación asindética (*Wir holten tonnenweise gelben Sand, die Baustellen fraßen ihn*), un mero observador de hechos, "no piensa", constata. En español, con la conjunción **para que**, el narrador aporta implícitamente su reflexión sobre el sentido o sinsentido del trabajo que están haciendo, al explicitar la causa final de su trabajo (*Traíamos toneladas de arena amarilla **para que**...*).

En el ejemplo (3) sigue a una comparación irreal una afirmación categórica, reforzada por el orden marcado de las palabras con la estructura Rema-Tema:

(3) (contexto: en una pausa del trabajo, los dos prisioneros se dejan caer en la arena)

Es kam Ferne in den Kopf, als wäre man abgehauen und gehöre jedem Sand in jeder Gegend der Welt, nicht der Zwangsarbeit hier. **Flucht im Liegen war das.** (129)	La lejanía se adentraba en tu cabeza, como si te hubieras largado y formases parte de la arena de cualquier lugar del mundo y no de los trabajos forzados de aquí. **Era como** huir tumbado. (116 y s.)

La cuestión planteada por Schröpf de que diferentes traductores interpretarían diferentemente las instrucciones de los marcadores se pone claramente de relieve en este ejemplo. Constatamos que la traducción española opta por el paralelismo lógico: expresión de dos irrealidades en el pensamiento del narrador: (1) *(era) como si te hubieras largado* y (2) ***Era como huir tumbado***. Se pone de manifiesto una estructura cuidada del texto. En el original podemos observar un orden marcado en el que se focaliza el rema al principio de la última frase, expresando así más claramente la emocionalidad espontánea, sin progresión temática, del hablante. Dado que el español no goza de esa libertad de orden de las palabras, se podría echar mano de una estructura clivada como *no era sino huir tumbado*, que focaliza también el rema. En este "desorden" sintáctico se expresa mejor una especie de reproducción más directa de los pensamientos espontáneos del narrador.

ad b) Se utilizan otros recursos, que conllevan sus aciertos y sus problemas

Un fenómeno relativamente corriente en traducción es la conciencia del contraste de dos sistemas lingüísticos diferentes, estudiando las posibilidades de la lengua de llegada para llegar a una equivalencia o semiequivalencia. Este fenómeno se da en el ejemplo (4):

(4)

| Wir sind zu zweit, der Albert Gion und ich, zwei Kellerleute unter den Dampfkesseln der Fabrik. (168) | Albert Gion y yo somos dos trabajadores del sótano **situado** debajo de las calderas de vapor de la fábrica. (151) |

La aposición es estructuralmente posible en las dos lenguas. El texto español, que no ha optado por ella, da la impresión de haber sido reformulado en la mente de la traductora, prescindiendo de la aposición y con ella del pequeño suspense del original: *somos dos (wir sind zu zweit)*, añadiendo luego los nombres. Con esta especie de "objetivación" se resuelve también el problema estructural: como el sintagma alemán N+Prep.+N no se suele utilizar en español, excepto en caso de complemento determinativo, la traductora añade *situado*, que junto con la traducción literal del compuesto alemán *Dampfkessel* por *calderas de vapor* produce una repetición triple de *de*, que destruye el ritmo dactílico del sintagma alemán (***zwei Kellerleute unter den Dampfkesseln der Fabrik***). Traductológicamente se puede decir que la hermenéutica (que aquí ha funcionado bien) no es suficiente para una traducción adecuada, ya que – sobre todo en textos con vocación poética – falta la creatividad de recrear matices informativo-estructurales y poéticos.

Sin embargo, cuando la estructura es idéntica en ambas lenguas, el traductor puede llegar a verdaderos pasajes poéticos, como es el caso de (5):

(5)

| In der Hautundknochenzeit hatte ich nichts mehr im Hirn außer dem ewigen sirrenden Leierkasten, der Tag und Nacht wiederholte: Kälte schneidet, Hunger betrügt, Müdigkeit lastet, Heimweh zehrt, Wanzen und Läuse beißen. (249) | En la época de piel y huesos yo no tenía otra cosa en la cabeza que la eterna cantinela machacona que repetía día y noche: el frío corta, el hambre engaña, el cansancio pesa, la nostalgia consume, los chinches y piojos pican. (225) |

El MD de los dos puntos es en ambas lenguas un marcador introductor de una enumeración o de citas textuales. En la traducción española – como pide la gramática – se añade el artículo, pero se mantiene la bimembración y al final la trimembración. Además, se consigue un efecto poético con las aliteraciones de la enumeración (*piojos pican*). Dicho sea solo de paso, el compuesto creativo *Hautundknochenzeit* traducido como *época de piel y huesos* no tiene mucho sentido. En alemán, la autora ha sido creativa, jugando con la asociación con la expresión popular: *Sauregurkenzeit* (= tiempos difíciles); en español se podría decir creativamente: *el-tiempo-en-que-te-quedas-en-los-huesos*)

Wienen (cfr. arriba) llama la atención sobre la estrecha relación entre los MD (y su traducción) con fenómenos de la estructura de la información. En el ejemplo (6) se mantiene el marcador *Aber/ Pero*, rompiéndose, sin embargo, la textura (*context boundness*) del original con un salto temático. La razón parece ser también aquí (cfr. ej. 4) querer organizar la frase según estructuras lógicas (*setting*, sujeto, verbo, objeto):

(6)

| Statt auf solche Gedanken zu kommen, könnte ich etwas lesen. **Aber** den schrecklichen Zarathustra, den dicken Faust und den dünngedruckten Weinheber habe ich für ein bisschen Hungerstille längst als Zigarettenpapier verkauft. (205) | En lugar de entretenerme con estas ocurrencias, podría leer algo. **Pero** hace tiempo que vendí como papel de fumar, para calmar un poco el hambre, el terrible *Zaratustra*, el grueso *Fausto* y el Weinheber impreso en papel de biblia. (184) |

En alemán se consigue el enlace textual (*context boundness*) con la enumeración de los títulos después del verbo *lesen* (*leer*): Zarathustra, Faust, etc.; en español se ordena la frase (*hace tiempo que vendí como papel de fumar*, etc.) y al final se enumeran los títulos. Se puede decir que la traducción del marcador con el mismo valor semántico no es suficiente. MD y orden de las palabras forman una unidad como expresión de un mensaje con toda su fuerza comunicativa y poética.

ad c) No se traducen partículas modales alemanas (modalizadores), con el consiguiente desequilibrio textual

Ya desde hace tiempo (cfr. Gil/Schmitt 1996: 310 y ss.) es conocido el problema de la traducción de marcadores, cuando no existen en la lengua de llegada. En la relación alemán-español se refleja este fenómeno en el tema de las partículas modales.

En (7) propongo un ejemplo que parece reforzar la ya citada tesis de Gadamer sobre los límites de la traducción, es decir, cuando se ve la necesidad de reproducir lo implícito. En alemán cumplen este cometido las así llamadas partículas modales, usadas fundamentalmente en diálogos, con funciones determinadas.

(7) (contexto: un encuentro con el temido vigilante Tur Prikulitsch)

Wie ist es **denn** bei euch im Keller. Gemütlich, sagte ich, jede Schicht ist ein Kunstwerk. (...) Wie dreckig gestern Dein Gesicht war, sagte er, und wie aus allen Löchern Deiner Kappe die Därme hingen. Mach **ja** nichts, sagte ich, Kohlestaub ist pelzig und fingerdick. (169)	Qué tal os va en el sótano Tan ricamente, contesté, cada turno es una obra de arte. (...) Qué sucia tenías la cara ayer, exclamó, y cómo te asomaban las entrañas por todos los agujeros de la gorra. No importa, repuse, el polvo del carbón es afelpado y tiene un dedo de grueso. (152)

En el contexto de la novela, **denn** finge un tono amable conversacional, una toma de contacto; mientras que **ja** tiene una función reforzativa, como un adverbio focalizador, delante de *nichts*, en el sentido de "absolutamente nada". Ambas partículas revelan un estado de ánimo que finge naturalidad, pero que en el primer caso produce desconfianza y en el segundo miedo a que le pase algo peor si se queja.

En la traducción española se opta por los recursos de variedad léxica, como el coloquial *Qué tal os va (...). Tan ricamente..* O bien la expresión categórica, no modalizada, *No importa*. Un esfuerzo creativo ayudaría a encontrar un MD español como *Y qué tal os va en el sótano* para el primer caso, con el que se imitaría mejor el fingimiento de inocente conversación iniciada por el temido vigilante. En el segundo caso, se podría pensar en la expresión *Y qué mas da*, con la que se expresaría el esfuerzo del protagonista por quitar importancia al asunto.

Cabe pues una argumentación diferente a la de Gadamer, mostrando que los límites de la traducción no son la implicitud, sino que ésta es el desafío más interesante para la creatividad del traductor.

Conclusión

¿Que podemos entresacar del análisis efectuado? A nivel comunicativo-subcutáneo, la presente traducción parece quedarse en los límites de que habla Gadamer, es decir, concentrarse en lo explícitamente expresado. Con ello, el texto adquiere un matiz más objetivo y funcional perdiendo en nivel poético.

Respecto a la pregunta de fondo de cómo se conjugan las dimensiones de hermenéutica y creatividad, se puede deducir del presente análisis que, por un lado, la creatividad no siempre es positiva, sobre todo si se reelabora el texto haciéndolo más explícito, más gramaticalmente lógico a costa de su poeticidad. El secreto parece estar entre líneas, es decir, en el amor del traductor por el detalle, que primero con competencia lingüística y cultural ha sido captado hermenéuticamente en el original, para luego buscar los recursos más apropiados en la lengua de llegada.

El presente trabajo es un pequeño esbozo, pero que pretende abrir algunas perspectivas para la investigación traductológica posterior: Partiendo de la base de que los MD son procesadores de información, se podrían añadir investigaciones traductológico-estilísticas en torno a la solución de los problemas que plantean estos elementos lingüísticos preguntándose si se puede reconocer en un traductor un estilo propio, entre otras cosas, porque da soluciones regulares a problemas similares o bien se concentra en resolver las cuestiones por separado, es decir, sin un concepto traductológico previo. También cabe preguntarse: ¿Es este concepto, en que se unen hermenéutica y creatividad, una medida para definir la calidad de un traductor? Finalmente, estudiando las soluciones creativas adoptadas por el traductor, se puede hacer la pregunta inversa: ¿Qué repercusiones puede tener la creatividad traductora para la comprensión del original?

Referencias

A) Corpus

Müller, Herta (2009). *Atemschaukel*. München: Carl Hanser.

Müller, Herta (2011). *Todo lo que tengo lo llevo conmigo*. Traducción: Rosa Pilar Blanco. Madrid: Santillana.

B) Estudios

Bühler, Karl (1982). *Sprachtheorie. Die Darstellungsfunktion der Sprache*. Stuttgart, New York: Gustav Fischer.

Cercel, Larisa (2013). Übersetzungshermeneutik. Historische und systematische Grundlegung. St. Ingbert: Röhrig Universitätsverlag (= Hermeneutik und Kreativität Bd. 1).

Fuentes Rodríguez, Catalina (2010). Los marcadores del discurso y la lingüística aplicada. In: Loureda Lamas, Óscar/Acín Villa, Esperanza (Coords.), *Los estudios sobre marcadores del discurso en español, hoy*, Madrid: Arco/Libros, 689-746.

Gadamer, Hans-Georg (1966). Mensch und Sprache. In ders. *Hermeneutik II*. Gesammelte Werke 2, Tübingen: J. C. B. Mohr 1993, 146-154.

Gil, Alberto / Schmitt, Christian (Eds.) (1996), *Kohäsion, Kohärenz, Modalität in Texten romanischer Sprachen*. Bonn: Romanistischer Verlag.

Gil, Alberto (2014). Kreativität und Problemlöseverfahren als translatologische Größen, am Beispiel der spanischen Übersetzung von Herta Müllers Atemschaukel. In Kunz, Kerstin / Teich, Elke / Hansen-Schirra, Silvia / Neumann, Stella / Daut, Peggy (Eds.), *Caught in the Middle - Language Use and Translation. Festschrift for Erich Steiner on the Occasion of his 60th Birthday*. Saarbrücken: Universität des Saarlandes *universaar*, 129 - 145.

Portolés Lázaro, José (2002). Marcadores del discurso y traducción. In: Fuentes Morán, María Teresa / García Palacios, Joaquín (Eds.), *Texto, terminología y traducción*. Salamanca: Almar, 145-167.

Schröpf, Ramona (2009). *Translatorische Dimensionen von Konnektorensequenzen im Spanischen und Französischen. Ein Beitrag zur linguistisch orientierten Übersetzungswissenschaft Romanisch-Deutsch*. Frankfurt a.M. etc.: Peter Lang.

Wienen, Ursula (2006). *Zur Übersetzbarkeit markierter Kohäsionsformen. Eine funktionale Studie zum Kontinuum von Spaltadverbialen und Spaltkonnektoren im Spanischen, Französischen und Deutschen*. Frankfurt a.M. etc.: Peter Lang.

O MARCADOR DISCURSIVO 'SIM' EM PORTUGUÊS EUROPEU CONTEMPORÂNEO: CONTRIBUTOS PARA A SUA TRADUÇÃO EM INGLÊS

Sara Sousa
(Universidade de Coimbra – CELGA-ILTEC)
sarasousa@uc.pt

Resumo: Neste trabalho, pretendemos descrever o funcionamento semântico-pragmático do marcador discursivo 'sim' em Português Europeu Contemporâneo e analisar o modo como esta unidade pode ser traduzida em Inglês. Recorrendo à análise de *corpora*, verificamos que, a par dos seus usos enquanto advérbio ou nome que expressa afirmação, consentimento e outros valores afins, 'sim' pode também constituir-se, nalguns contextos, como um marcador ou conector discursivo que assinala a existência de uma relação de retificação entre o segmento discursivo em que ocorre e o segmento, de valor refutativo, que o precede. Mais concretamente, 'sim' assinala a existência de um contraste de polaridade entre o segmento refutativo, que contém tipicamente uma negação sintática, e o segmento retificativo, indiciando, assim, que é este último que deve ser retido. Tanto quanto nos foi possível verificar, não parece haver, em Inglês, nenhum marcador que permita traduzir 'sim' em construções refutativo-retificativas deste tipo. Neste contexto, o recurso a uma construção clivada acompanhada do verbo auxiliar (de valor enfático) *to do* ou a utilização de uma construção de coordenação do tipo *not p... but q...* parecem ser as opções preferenciais dos tradutores/intérpretes para manter o valor refutativo-retificativo das construções em que ocorre o marcador em análise.

Palavras-chave: Marcador discursivo / tradução / refutação / retificação

DOI: http://dx.doi.org/10.14195/978-989-26-1445-8_4

Abstract: The aim of this paper is to characterise, from a semantic-pragmatic perspective, the discourse connective 'sim' in contemporary European Portuguese, and to analyse its translation into English. Based on data taken from *corpora*, it may be concluded that 'sim' occurs not only as an adverb or a noun, expressing confirmation, assent and other related values, but also as a discourse marker that encodes a rectification/correction relation that holds between the text span where it occurs and the previous one. More specifically, 'sim' signals the existence of a polarity contrast between the denial text span that precedes it (prototypically, this text span includes a syntactic negation), and the corrective text span where it occurs, reinforcing the preferential value of the latter. As far as we are aware, no equivalent exists in English of a discourse marker to which we may translate 'sim' in this type of denial-correction constructions. In this context, a cleft sentence including the emphatic auxiliary *to do* or a coordination construction of the form *not p... but q...* appears to be the preferred way to translate the denial-correction meaning of the constructions in which 'sim' occurs.

Keywords: Discourse marker / translation / denial / rectification

1. Introdução

Nos dicionários de referência, 'sim' é geralmente apresentado como um advérbio ou nome que expressa afirmação, aprovação, consentimento e outros valores afins.

Em contextos deste tipo, a sua tradução pela forma *yes* em Inglês não parece oferecer quaisquer dificuldades, tal como se ilustra nas sequências seguintes, retiradas do *corpus* EUROPARL (*European Parliament Proceedings Paralell Corpus*), que reúne as transcrições, em 11 línguas, dos debates que tiveram lugar no Parlamento Europeu no período de 1996 a 2011.

(1) a. Quanto à outra questão que levantou, a resposta é *sim*.
   (EUROPARL, ep-00-03-15.txt)

b. As for the other question you have raised, the answer is *yes*. (EUROPARL, ep-00-03-15.txt)

(2) a. Seria muito difícil aos defensores do *'sim'* a um futuro tratado obter o apoio dos Irlandeses [...]. (EUROPARL, ep-00-02-5.txt)

b. It would be very difficult for those who propose a *'yes'* vote in any such futur treaty to win the support of the Irish people [...]. (EUROPARL, ep-00-02-5.txt)

Todavia, o mesmo já não acontece quando 'sim' ocorre como um marcador/conector discursivo, em construções refutativo-retificativas como as seguintes:

(3) a. Se a União Europeia quer efectivamente dar passos emblemáticos nesta matéria, o caminho a seguir é outro: é o de incluir no elenco dos textos internacionais de referência, no artigo 6º do Tratado da União, todos os pactos e convenções sobre matéria de direitos humanos já actualmente ratificados pelos Quinze Estados membros, assim os inscrevendo claramente no acervo comunitário. Isso, *sim*, é que seria um avanço. Esta Carta é uma falsa resposta a uma pergunta inexistente [...]. (EUROPARL, ep-00-03-14.txt)

b. If the EU really does want to take symbolic steps in this field, it needs to go down a different path. That would involve including all human rights agreements and conventions already ratified by the 15 Member States in the list of international texts referred to in Article 6 of the Treaty on European Union. This would ensure that they were clearly incorporated into the acquis communautaire. That would be a *real* step forward. This charter is the wrong answer to a problem that does not even exist [...]. (EUROPARL, ep-00-03-14.txt)

(4) a. Na minha opinião, as contradições nem são assim tão graves em termos de políticas comunitárias; são mais graves, *sim*, no que diz respeito a certos objectivos e indústrias de alguns Estados Membros. (EUROPARL, ep-00-02-16.txt)

b. In my opinion, these contradictions are not all that serious in terms of Community policies. They are, *if anything*, more serious as regards certain objectives and industries in some Member States. (EUROPARL, ep-00-02-16.txt)

Como se pode constatar pela comparação de (3-b) e (4-b), a tradução de 'sim' em sequências deste tipo parece ser algo problemática: enquanto, em (3-b), a opção pelo adjetivo *real* parece respeitar o sentido global do discurso a traduzir,[1] em (4-b), a seleção da expressão *if anything* não só não traduz de forma adequada o valor de 'sim', como altera profundamente o sentido do discurso de partida.

Tendo por base o *corpus* EUROPARL, do qual foram retirados os exemplos anteriores, procuraremos, na exposição que se segue, apresentar algumas das opções que nos parecem adequadas à tradução de 'sim' e ao sentido das sequências em que ocorre, partindo de uma breve descrição do seu valor semântico-pragmático e do seu funcionamento discursivo.

---

[1] O facto de, nesta sequência, a tradução de 'sim' não ser problemática poderá dever-se ao facto de o segmento em que ocorre o marcador retomar anaforicamente, em jeito de síntese, o que é dito no segmento anterior, onde o locutor apresenta o caminho que, no seu entender, deve ser seguido, por oposição a outros cuja validade rejeita. Deste modo, o sentido do marcador torna-se mais claro e pode ser antecipado, o que parece facilitar a sua tradução.

1. O marcador discursivo 'sim'

Em Português Europeu Contemporâneo, o marcador discursivo de origem adverbial 'sim' ocorre tipicamente em posição pós-verbal, em construções de justaposição do tipo *não p || sim q*.

Vejam-se os exemplos seguintes, retirados dos *Diários da Assembleia da República* (doravante, DAR) e do *Corpus de Referência do Português Europeu Contemporâneo* (doravante, CRPC):

(5) Em primeiro lugar, não estamos perante propostas que apenas concretizam os cortes salariais impostos pelo Orçamento do Estado, estamos, *sim*, perante propostas que impõem novas e acrescidas reduções remuneratórias aos magistrados, de forma permanente e definitiva [...]. (DAR, I Série, XI Legislatura, N.º 38, p. 62)

(6) Falar do primado da educação e da formação não constitui uma moda, constitui, *sim*, uma exigência do Estado social e uma resposta às ilusões neoliberais [...]. (CRPC, COD_1015452).

Em ambos os exemplos, temos, em *não p*, a refutação do que foi dito ou implicitado por um outro locutor e, em *sim q*, a apresentação da alternativa considerada mais adequada para substituir o(s) constituinte(s) alvo de refutação no segmento anterior. *Não p* terá, assim, uma função refutativa e *sim q* terá uma função retificativa.

Em Sousa (2014), a refutação é definida como a relação, de ordem pragmática, que se estabelece entre um determinado enunciado, da responsabilidade de um locutor A, cuja função é rejeitar um outro enunciado, e o enunciado, da responsabilidade de um locutor B, que é alvo de refutação.² Este último pode ser um enunciado real ou um enunciado meramente plausível num determinado contexto enunciativo.³

O enunciado que desempenha esta função refutativa é tipicamente materializado por uma negação metalinguística (Ducrot, 1972/1973; Horn, 1989), que se caracteriza justamente por ter no seu escopo um enunciado e não uma proposição, tendo por função a sua refutação e não a mera descrição de uma situação. Enunciados deste tipo ocorrem tipicamente em contextos dialogais e em interações de natureza polémica, como é o caso dos debates parlamentares.⁴

Um enunciado de caráter refutativo é tipicamente seguido de uma continuação discursiva que estabelece com este e com o enunciado alvo de refutação uma relação de retificação. Neste segmento, é apresentado, pelo locutor B, o elemento considerado mais adequado para substituir aquele que é alvo de refutação. Este segmento constitui-se igualmente como uma justificação da refutação levada a cabo, mitigando, desta forma, o caráter ameaçador de face que carateriza este ato discursivo.

Neste contexto, o marcador 'sim', evidenciando o contraste de polaridade existente entre os segmentos que conecta, permite não só facilitar a computação da relação de retificação que entre eles se estabelece, mas igualmente evidenciar que o segmento em que ocorre é aquele que deve ser retido.

---

² Sobre esta relação, vejam-se, entre outros, Moeschler (1982), van der Sandt (1991; van der Sandt & Maier, 2003), Geurts (1998) e Asher & Lascarides (2003).

³ A análise da refutação de enunciados não materializados na superfície textual convoca necessariamente a noção de *polifonia*: o locutor antecipa mentalmente um determinado enunciado, da responsabilidade de uma outra instância enunciativa, rejeitando-o e apresentando a alternativa considerada mais adequada para o substituir. Sobre esta noção, veja-se Ducrot (1984).

⁴ Sobre a orientação tipicamente antagónica do Discurso Político Parlamentar, vejam-se, entre outros, Srikant & Slembrouck (1997) e Marques (2000).

De facto, constituindo-se como um marcador/conector discursivo (de origem adverbial)[5] que articula parataticamente dois enunciados, 'sim' não contribui para o valor de verdade das sequências em que ocorre e não é necessário à sua boa formação,[6] tal como se evidencia nas seguintes paráfrases de (5) e (6):

> (5') Em primeiro lugar, não estamos perante propostas que apenas concretizam os cortes salariais impostos pelo Orçamento do Estado, estamos perante propostas que impõem novas e acrescidas reduções remuneratórias aos magistrados, de forma permanente e definitiva [...]. (DAR, I Série, XI Legislatura, N.º 38, p. 62)

> (6') Falar do primado da educação e da formação não constitui uma moda, constitui uma exigência do Estado social e uma resposta às ilusões neoliberais [...]. (CRPC, COD_1015452)

No entanto, embora não contribuindo para o valor de verdade destas sequências, 'sim' fornece instruções acerca do seu processamento, constituindo-se, assim, como um elemento fundamental cujo valor semântico-pragmático não pode ser descurado no contexto da tradução.

---

[5] Sobre as diferentes abordagens relativamente ao conceito de marcador discursivo e à sua delimitação, vejam-se, entre outros, Fisher (2006) e Lopes (2016).

[6] Indícios do seu caráter periférico, em termos sintáticos, nas sequências em análise é o facto de esta unidade surgir tipicamente como um constituinte prosódico, separado por pausas à esquerda e à direita (assinaladas, na escrita, por vírgulas), sendo igualmente o produto resultante da conexão dos segmentos *não p* e *sim q* de natureza textual e não frásica.

2. A tradução do marcador 'sim' em Inglês

Tal como foi referido anteriormente, não parece haver, em Inglês, um marcador que possa constituir uma tradução direta de 'sim' nas construções em análise. Por essa razão, e tendo em conta as limitações que enformam a interpretação simultânea – nomeadamente, o reduzido intervalo temporal em que esta tem de ser realizada –, facilmente se compreende as dificuldades existentes sempre que esta unidade ocorre em contextos deste tipo (cf. (4)).

No entanto, pese embora os problemas enunciados, no *corpus* EUROPARL encontrámos dois tipos de construções sintáticas que parecem permitir contornar os problemas colocados pela ocorrência desta unidade, mantendo não só o valor refutativo-retificativo das sequências em que esta ocorre, mas igualmente evidenciando que é o que se assere no segmento retificativo que deve ser retido em termos discursivos.

Vejam-se os exemplos seguintes:

(7) a. Em Lisboa, depois dos processos do Luxemburgo, de Cardiff e de Colónia, não queremos lançar um novo processo. Queremos, *sim*, que se criem as condições para, em primeiro lugar, articular, simplificar e aprofundar os três processos existentes [...]. (EUROPARL, ep-00-03-13.txt)

b. We do not intend to launch a new process in Lisbon as a successor to the Luxembourg, Cardiff and Cologne processes. What we do want is to establish new conditions so that we can first of all coordinate, simplify and strengthen the three existing processes [...]. (EUROPARL, ep-00-03-13.txt)

(8) a. A discussão no âmbito dos Governos das propostas legislativas não é do domínio público, é, *sim*, do domínio público

o resultado dessas propostas legislativas [...]. (EUROPARL, ep-00-03-15.txt)

b. Discussion of legislative proposals within the government is not in the public domain, but the result of these legislative proposals is in the public domain [...]. (EUROPARL, ep-00-03-15.txt)

Em (7-b), o tradutor recorre a uma construção de clivagem, acompanhada do verbo auxiliar de valor enfático *to do*, para traduzir o valor retificativo do enunciado em que ocorre 'sim' no discurso de partida, evidenciando, pelo caráter focalizador deste tipo de construções,[7] que o que se pretende não é "lançar um novo processo", mas sim "[criar] as condições para, em primeiro lugar, articular, simplificar e aprofundar os três processos existentes".

Em (8-b), o tradutor transforma a estrutura de justaposição que ocorre no discurso de partida numa construção de coordenação do tipo *not p... but q....*, que permite igualmente, como tem sido consensual desde o trabalho seminal de Anscombre & Ducrot (1977) a propósito dos diferentes usos de 'mas', manter o seu valor refutativo--retificativo e evidenciar que é o que se assere em *but p* que deve ser retido para efeitos discursivos.

Estas construções, cujo valor refutativo-retificativo tem vindo a ser descrito particularmente no âmbito dos estudos sobre a marcação do chamado foco contrastivo,[8] parecem, assim, constituir uma opção preferencial para a tradução das sequências do tipo *não p* || *sim q* em análise.

---

[7] Sobre o valor semântico-pragmático das construções de clivagem, vejam-se, entre outros, Horn (1981), Hedberg (1990), Bosch & van der Sand, eds. (1999), Molnár & Winkler, eds. (2006) e Sousa (2014).

[8] Cf. nota anterior.

Todavia, é igualmente de notar que, tendo em conta a estrutura sintática do discurso de partida, nem sempre o recurso a uma construção de clivagem ou a uma estrutura de coordenação do tipo em análise seriam aceitáveis, tal como se ilustra em (4'-b) e (4'-c):

(4') a. Na minha opinião, as contradições nem são assim tão graves em termos de políticas comunitárias; são mais graves, *sim*, no que diz respeito a certos objectivos e indústrias de alguns Estados Membros. (EUROPARL, ep-00-02-16.txt)

b.?? In my opinion, these contradictions are not all that serious in terms of Community policies, but more serious as regards certain objectives and industries in some Member States. (EUROPARL, ep-00-02-16.txt)

c. In my opinion, these contradictions are not all that serious in terms of Community policies. * What they are is more serious as regards certain objectives and industries in some Member States. (EUROPARL, ep-00-02-16.txt)

Em contextos deste tipo, e na ausência de uma melhor alternativa, parece-nos que a omissão, por parte do tradutor/intérprete, do marcador em análise seria uma melhor opção comparativamente à sua tradução com recurso a outras expressões que, nalguns casos (cf. (4.b), desvirtuam claramente o sentido do discurso de partida.

Conclusões

Em Português Europeu Contemporâneo, 'sim' pode ocorrer como um marcador/conector discursivo, em construções de valor refutativo--retificativo do tipo *não p* || *sim q*. Neste contexto, em que este marcador permite evidenciar o contraste de polaridade existente entre os segmentos que conecta, reforçando, assim, o valor retificativo do segmento em que ocorre, não há, em Inglês, uma unidade que permita traduzi-lo diretamente.

Esta ausência de uma tradução direta, bastante frequente, aliás, no âmbito da tradução de marcadores discursivos, acarreta várias dificuldades que, nalguns casos, dão origem a traduções que se afastam do sentido global do discurso de partida, o que, naturalmente, poderá constituir um problema a vários níveis.

Não havendo uma tradução direta do marcador 'sim' em Inglês, parece haver, no entanto, algumas construções que permitem manter o valor refutativo-retificativo das sequências em que este ocorre. Tal é o caso das construções de clivagem (acompanhadas, nalguns casos, do verbo auxiliar de valor enfático *to do*) ou ainda de construções de coordenação do tipo *not p...but q....* Não sendo passíveis de ser utilizadas em todos os casos cuja tradução se verifica problemática (cf. (4')), estas construções constituem, no entanto, um bom ponto de partida para uma futura análise de outros recursos ou estruturas para a tradução das sequências em que ocorre este marcador.

Referências

Academia das Ciências de Lisboa (2011). *Dicionário da Língua Portuguesa Contemporânea*. Lisboa: Editorial Verbo.

Anscombre, J.-C. & O. Ducrot (1977). Deux *mais* en français? *Lingua* 43, pp. 23-40.

Asher, N. & A. Lascarides (2003). *Logics of conversation*. Cambridge: Cambridge University Press.

Bosch, P. & R. van der Sandt, eds. (1999). *Focus: linguistic, cognitive, and computational perspectives*. Cambridge: Cambridge University Press.

Cartoni, B., Zufferey, S. & Meyer, T. (2013). Annotating the Meaning of Discourse Connectives by Looking at their Translation: The Translation Spotting Technique. *Dialogue and Discourse*, pp. 65-86.

Ducrot, O. (1972). *Dire et ne pas dire. Principes de sémantique linguistique*. Paris: Hermann.

Ducrot, O. (1973). *La preuve et le dire*. Paris: Maison Mame.

Fisher, K. (ed.) (2006). *Approaches to discourse particles*. Amsterdam: Elsevier.

Fraser, B. (1998). Contrastive discourse markers in English. In A. H. Jucker & Y. Ziv (eds.) *Discourse markers: descriptions and theory*. Amsterdam: John Benjamins, pp. 301-326.

Geurts, B. (1998). The mechanisms of denial. *Language* 74, pp. 274-307.

Hedberg, N. (1990). *Discourse pragmatics and cleft sentences in English*. PhD dissertation. University of Minnesota.

Horn, L. R. (1981). Exhaustiveness and the semantics of clefts. In V. Burke & J. Pustejovksy (eds.) *Proceedings of the Eleventh Annual New England Linguistics Society Conference, November 7-9, 1980*. Amherst, Department of Linguistics: University of Massachusetts, pp. 125-142.

Horn, L. R. (1989) *A Natural History of Negation*. Chicago: The University of Chicago Press.

Houaiss, A., M. de Salles Villar & F. M. de Mello Franco (2015). *Grande dicionário Houaiss da Língua Portuguesa*. Lisboa: Círculo de Leitores.

Koehn, Philipp (2005). Europarl: A Parallel Corpus for Statistical Machine Translation. In *The Tenth Machine Translation Summit: Proceedings of Conference*.

Lopes, A. C. M. (2016). Discourse markers. In W. Leo Wetzels, S. Menuzzi & J. Costa (eds.) *The Handbook of Portuguese Linguistics*. Malden, MA: Wiley-Blackwell, pp. 441-456.

Marques, M. A. (2000). *Funcionamento do Discurso Político Parlamentar: a organização enunciativa no Debate da Interpelação ao Governo*. Braga: CEHUM – Universidade do Minho.

Moeschler, J. (1982). *Dire et contredire. Pragmatique de la négation et acte de réfutation dans la conversation*. Berne: Peter Lang.

Molnár, V. & S. Winkler (eds.) (2006). *The architecture of focus*. Berlin: Mouton de Gruyter.

Raposo, E. P. et al. (eds.) (2013). *Gramática do Português*. Lisboa: Fundação Calouste Gulbenkian.

Sanders, T., W. Spooren & L. Noordman (1992). Towards a taxonomy of coherence relations. *Discourse Processes* 15, 1-35.

Sousa, S. (2014). *Contributos para o estudo da refutação em Português Europeu Contemporâneo*. Tese de doutoramento. Faculdade de Letras da Universidade de Coimbra.

Srikant, Sarangi & Stef Slembrouck (1997). Confrontational asymmetries in institutional discourse: a socio-pragmatic view of information exchange and face management. In Jan Blommaert & Chris Bulcaen (eds.) *Political Linguistics (Belgian Journal of Linguistics 11)*. Amsterdam: John Benjamins, pp. 255-275.

Traugott, E. & R. Dasher (2002). *Regularity in semantic change*. Cambridge: Cambridge University Press.

Van der Sandt, R. (1991). Denial. In *Papers from CLS 27(2): the parasession on negation*. Chicago: CLS, pp. 331-344.

Van der Sandt, R, & E. Maier (2003). Denials in discourse. Paper presented at *Fall 2003 Workshop in Philosophy and Linguistics*. University of Michigan. Disponível em: <URL:http://web.eecs.umich.edu/~rthomaso/lpw03/vandersandt.html/>.

Fontes

EUROPARL (European Parliament Proceedings Parallel Corpus, 1996-2011). Base de dados disponível em <URL: http://www.statmt.org/europarl/>.

CRPC (Corpus de Referência do Português Europeu Contemporâneo). Base de dados disponível em <URL: http://www.clul.ul.pt/pt/recursos/183-crpc#cqp/ >.

DAR (Diários da Assembleia da República). Base de dados disponível em <URL: http://www.parlamento.pt/DAR/Paginas/default.aspx/ >.

Traduções alemãs do marcador 'aliás'
uma análise do *corpus* Europarl

Cornelia Plag
(Universidade de Coimbra – CELGA-ILTEC)
cornelia.plag@fl.uc.pt

Ana Paula Loureiro
(Universidade de Coimbra – CELGA-ILTEC)
olivelou@ci.uc.pt

Conceição Carapinha
(Universidade de Coimbra – CELGA-ILTEC)
mccarapinha@fl.uc.pt

Resumo: Este trabalho visa analisar a tradução do marcador discursivo 'aliás' para a língua alemã, bem como explorar as diferentes propostas apresentadas por tradutores profissionais a respeito deste item. Com base em pesquisas anteriores já efetuadas sobre as funções deste marcador em língua portuguesa, o estudo descreve as convergências e as divergências encontradas entre 'aliás' e os seus equivalentes alemães numa amostra extraída do *corpus* Europarl. A pesquisa revela que 'aliás' ativa diferentes *clusters* semânticos em português e demonstra a preferência dos tradutores por um pequeno conjunto de marcadores de discurso alemães. A análise contrastiva também comprova que 'aliás' tem um leque mais alargado de funções semânticas do que os seus equivalentes em língua alemã e confirma a existência de uma função que nunca é traduzida.

Palavras-chave: Marcador discursivo; tradução; aliás; *clusters* semânticos; *corpus* Europarl

DOI: http://dx.doi.org/10.14195/978-989-26-1445-8_5

Abstract: The aim of this paper is to analyze the translation of the discourse marker 'aliás' from Portuguese into German and to explore the different proposals put forward by professional translators about this particular item. Drawing on previous research about the functions of this specific marker in Portuguese language this study analyses the convergences and the divergences of Portuguese 'aliás' and its German equivalents in an excerpt of Europarl corpus. The study reveals that 'aliás' activates different semantic clusters in Portuguese and demonstrates the preference for a small set of German discourse markers in a significant part of the translations. The contrastive analysis also shows that 'aliás' has a larger semantic range than its equivalents and confirms the existence of a function which is not translated.

Key words: Discourse marker, translation, *aliás*, semantic clusters, Europarl corpus

0. Introdução

A designação 'marcadores discursivos' (doravante MD) abrange um vasto conjunto de expressões usadas para conectar enunciados e outros segmentos textuais de maior ou menor extensão. A diversidade categorial de itens subsumíveis sob esta designação e a multiplicidade de funções que cada um é capaz de desempenhar em contexto determinam as reconhecidas dificuldades em os identificar e definir de modo adequado. A este respeito, Andersen (2001: 39) lembra que "there seems to be little consensus as to how this category ought to be defined and delimited and as to which items constitute the inventory of pragmatic markers (...)."[1]

Constituindo um grupo categorialmente heterogéneo, de distribuição desigual e com funcionalidades distintas, é possível, ainda assim, atribuir aos MD um conjunto de caraterísticas que de

---

[1] Esta continua a ser – algumas décadas passadas sobre os primeiros estudos sobre MD – uma das questões centrais na área.

alguma forma os definem e que sobressaem na já vasta bibliografia relativa ao tópico.

A primeira, a que mais se salienta, e que constitui a base para muitas das definições propostas para a categoria, é precisamente a conectividade (Schiffrin, 1987; Schourup, 1999; Degand, 2009), isto é, a sua capacidade de articular fragmentos discursivos, assinalando uma relação "between the interpretation of the segment they introduce, S2, and the prior segment, S1» (Fraser, 1999: 931). Neste sentido, os MD funcionam como pistas que permitem otimizar o processo interpretativo, e, no fundo, criar coerência. Em clara relação com a conectividade, uma outra característica, já assinalada por Hölker (1991), diz respeito à não contribuição dos MD para o conteúdo proposicional dos enunciados em que ocorrem, uma vez que o seu significado é meramente procedimental, equivalendo a um conjunto de instruções acerca de como interpretar o enunciado. O mesmo autor refere a função essencialmente emotiva e expressiva dos MD, mais do que denotativa ou referencial, e Bazzanella *et al.* (2007) salientam, por outro lado, a extrema sensibilidade às variações co- e contextuais como outra das caraterísticas típicas do comportamento destes itens no discurso.

Todas as línguas recorrem a estas partículas, quer no discurso oral quer no escrito, para sustentar a coesão, para guiar a interpretação dos ouvintes/leitores, para expressar uma atitude; fazem-no, no entanto, de modos diversos, pois "across languages there is divergence in their usage, placement, and frequency" (Steele, 2015: 110).

Os múltiplos estudos que, sob diversas perspetivas, têm vindo a ser publicados sobre o tema dos MD abarcam agora, também, a perspetiva tradutológica. É, aliás, recorrentemente referida a importância dos contributos trazidos pelos estudos em tradução para um conhecimento mais fino destas partículas. Como afirmam Aijmer *et al.* (2006: 113) "comparing translations of a text in different languages can help to reveal the meaning of markers which might be less accessible in a monolingual approach."[2]

A tradução procura produzir, na língua de chegada (LC), um texto funcionalmente adequado, o que pode passar – entre outras estratégias possíveis – pela escolha de uma expressão que mantenha o mesmo valor da língua original. Mas será tal procedimento sempre exequível quando é necessário traduzir um MD? A sua extrema dependência do contexto, a sua inerente indeterminação semântica e a sua polifuncionalidade complexificam a tarefa de os traduzir.

Chaume (2004: 844) alerta precisamente para o facto de eles constituírem "a usual pitfall in (...) translating" e Bazzanella *et al.* (2007: 11) corroboram esta opinião ao afirmar que "translating DMs appears to be particularly difficult, much more so than in the case of other parts of speech, since words used in a DM function are 'indeterminate' *per se*, and one can determine DMs only with regard to the specific usage in context."

De facto, e uma vez que assumem uma função essencialmente pragmática, sem intervenção direta na construção dos conteúdos proposicionais, os MD que surgem num determinado ponto da sequência discursiva recebem muitas vezes, da parte do tradutor, um tratamento desigual que os coloca num plano inferior face a outras prioridades tradutivas. E as diferentes soluções encontradas para a tradução de um MD podem abranger o recurso a estratégias lexicais, sintáticas, mas podem também chegar à omissão.

---

[2] Esse interesse dos estudos de tradução materializa-se em dois grandes tipos de análise. De uma perspetiva semasiológica, parte-se de um determinado termo para chegar à análise do sentido, permitindo testar, de um enfoque tradutório, se equivalentes lexicográficos (em duas línguas distintas) recobrem ou não o mesmo leque de valores. De um ponto de vista onomasiológico, parte-se de um conceito para chegar às formas que o consubstanciam, o que, no âmbito tradutório, permite chegar às certamente diferentes representações lexicais do conceito, em cada uma das línguas.

Na interface destas duas áreas de investigação, este trabalho apresenta um estudo contrastivo sobre o MD 'áliás' em contexto de tradução, no par de línguas português-alemão. Ancorado num quadro teórico cognitivo-funcional, o estudo parte de uma abordagem polissémica dos MD, advogando que os diferentes sentidos de uma partícula não devem ser entendidos como discretos, mas antes relacionados, "in a chain-like fashion", (Hansen, 1998: 87), através de semelhanças de família, configurando um *continuum* em que as fronteiras entre os seus diferentes valores são vagas e imprecisas e em que há claras zonas de sobreposição.

Trabalhando numa perspetiva semasiológica, e tendo por referência os valores elencados para 'aliás' em português, (Lopes, 2010; Ponce de León & Duarte, 2013; e Almeida, 2013), serão confrontadas as ocorrências deste MD com os equivalentes encontrados no texto alemão. Os objetivos deste estudo são os seguintes: (i) encontrar os equivalentes funcionais de 'aliás' na LC; (ii) sistematizar as possíveis convergências e divergências de sentido (iii) confrontar os dados recolhidos com as informações disponíveis nos dicionários. Os dados empíricos que sustentam a análise são provenientes do *corpus* Europarl (Koehn, 2005), um acervo multilingue de dados resultantes de debates ocorridos no Parlamento Europeu.

A estrutura deste trabalho é a seguinte: num primeiro momento, apresentaremos, de forma sucinta, os diferentes valores de 'aliás' na atual sincronia do Português; a secção seguinte dará conta das opções metodológicas por nós tomadas e do grande interesse de um *corpus* traduzido como ferramenta heurística para obter informações sobre a semântica dos MD; de seguida, apresentar-se-ão os resultados obtidos e a respetiva análise; finalizaremos com uma pequena secção de conclusões.

1. Os diferentes valores de 'aliás' na atual sincronia do Português

O item 'aliás' é apresentado como advérbio pelos dicionários de referência da língua portuguesa. O *Dicionário da Língua Portuguesa Contemporânea*, da Academia das Ciências de Lisboa (2001) avança, na definição da partícula, as seguintes aceções:

(i) *arc.* Hipótese de polaridade contrária;
(ii) marcador de correção;
(iii) marcador de digressão;
(iv) bordão linguístico;
(v) utensílio metalexical (uso de Macau).

No *Dicionário Houaiss da Língua Portuguesa* (2002), 'aliás' assume os seguintes valores:

(i) sinalizador de situação hipotética alternativa à situação avançada anteriormente;
(ii) marcador de reforço;
(iii) marcador de correção/retificação;
(iv) marcador de digressão;
(v) marcador contrastivo.

Nas gramáticas, o item 'aliás' é identificado como partícula de retificação e surge incluído no grupo, heterogéneo, das 'palavras denotativas', (Cunha e Cintra, 1984: 549) ou 'denotadoras' (Bechara, 2005: 291), grupo que, segundo o autor brasileiro, diz respeito a um grande conjunto de palavras "muitas das quais têm papel transfrástico e melhor atendem a fatores de função textual (...)." Sob este ponto de vista, a apreciação do gramático brasileiro converge com as funções dos marcadores anteriormente apresentadas.

Já no domínio da investigação, e especificamente sobre esta partícula, salientam-se os trabalhos de Lopes (2010), Ponce de León e Duarte (2013) e Almeida (2013). A indicação de duas funções é comum aos quatro autores: 'aliás' é um marcador que sinaliza uma digressão, indicando a adição de um mero comentário lateral (Lopes, 2010) ou, em alternativa, a adição de um argumento mais forte para reforçar uma linha argumentativa, (Ponce de León e Duarte, 2013) e também pode ser um marcador de reformulação e/ou retificação. Ponce de León e Duarte acrescentam ainda uma outra possível função do marcador: 'aliás' pode igualmente ser usado para assinalar a mudança de tópico discursivo, à semelhança de um organizador textual.

No cômputo de todas estas informações, sobressaem três funções do MD na atual sincronia do português:

(i) sinalizar a iminência de uma reformulação (que pode até ser uma retificação);

(ii) sinalizar a presença de um segmento discursivo de natureza digressiva, dotado de um estatuto parentético;

(iii) sinalizar a adição de mais um argumento, neste caso, decisivo (Koch, 1984: 196) e, neste sentido, funcionar já como um marcador de reforço argumentativo [sentido que também é assinalado pelo Dicionário Houaiss da Língua Portuguesa-aceção(ii)].

Vejamos exemplos que atestam todos estes valores[3]:

(1) reformulação
par=ext658657-nd-95b-1: Mas escrevi esta carta por causa dos belos poemas de Gedeão, **aliás** Rómulo de Carvalho, que conheci como professor no Liceu D. João III, em Coimbra.

---

[3] Os exemplos aqui inseridos foram recolhidos no CETEMPúblico, um *corpus* de imprensa contemporânea escrita, disponível *online* em <http://acdc.linguateca.pt>.

(2) digressão com introdução de tópico lateral
par=ext196238-clt-92b-2: Para terminar, pode dizer-se que esta tendência para o silêncio (**aliás** salientada por João Barrento no seu belo prefácio) talvez se perceba levando em conta dois aspectos: por um lado, uma irresistível atracção pela morte como a serenidade maior e mais profunda, como um «grande silêncio» (...).

(3) digressão com introdução de argumento decisivo
par=ext403209-soc-98a-2: Mas a área que aparentemente é mais frágil na introdução dos conteúdos no Oceanário é a da captura e fornecimento das espécies, como **aliás** o demonstra o facto de não ser conhecida com rigor a área de proveniência do lote de tubarões que adoeceram.

Os diferentes matizes de sentido deste item parecem convergir, tal como afirmam Ponce de León e Duarte (2013: 146) para o valor etimológico de 'aliás' que, de acordo com o Dicionário Houaiss era, em latim: "outra vez, outras vezes, noutro momento, noutra época, de outro modo, etc." Com efeito, este parece ser o semantismo básico do MD: sinalizar a introdução de **outro** enunciado, que pode constituir uma operação metadiscursiva de reformulação do dito, atuando no plano do autocontrolo discursivo (Fernandes, 2005); ou assinalar a operação argumentativa de aditamento de uma outra informação, atuando no plano temático-informacional.

Uma abordagem dos dicionários bilingues, na direção português-alemão, tanto impressos (*Langenscheidt*) como online (*Pons* e *Leo*), revela alguma dispersão quanto aos equivalentes sugeridos para o item 'aliás'.

O dicionário *Langenscheidt* apresenta os seguintes equivalentes: *übrigens* (a propósito; diga-se de passagem); *jedoch* (contudo); *beziehungsweise* (ou seja / ou antes / mais concretamente).

Os dicionários online de português-alemão ampliam ainda mais as possibilidades tradutivas da partícula. O dicionário *Pons* propõe as seguintes traduções: *übrigens* (a propósito; diga-se de passagem); *beziehungsweise* (ou seja / ou antes / mais concretamente); *sonst* (caso contrário); *ohnehin* (mesmo assim; de qualquer maneira). O dicionário *Leo* recomenda as expressões seguintes: *übrigens* (a propósito; diga-se de passagem); *mit anderen Worten* (ou melhor); *außerdem* (além disso); *besser gesagt* (ou melhor); *das heißt* (ou melhor); *beziehungsweise* (ou seja / ou antes / mais concretamente).

O dicionário online da *Porto Editora* propõe as seguintes traduções: *beziehungsweise* (ou seja / ou antes / mais concretamente); *im Übrigen* (de resto); *ohnehin* (mesmo assim; de qualquer maneira); *sonst* (caso contrário); *übrigens* (a propósito; diga-se de passagem). No dicionário *bab.la*, a partícula é traduzida por *zudem* (além disso) e *übrigens* (a propósito; diga-se de passagem).

Observemos esquematicamente estes dados:

Quadro 1

	Langenscheidt	*Pons*	*Leo*	*Porto Editora*	*bab.la*
übrigens	√	√	√	√	√
beziehungsweise	√	√	√	√	
sonst		√		√	
ohnehin		√		√	
jedoch	√				
mit anderen Worten			√		
außerdem			√		
besser gesagt			√		
das heißt			√		
im Übrigen				√	
zudem					√

A análise deste quadro torna evidente a grande variedade de putativos equivalentes lexicográficos propostos pela língua alemã. As informações obtidas nestes cinco dicionários permitem concluir que apenas *übrigens* (a propósito; diga-se de passagem) é comum a todos eles e que apenas a expressão *beziehungsweise* (ou seja / ou antes / mais concretamente) é partilhada por quatro dicionários; todas as outras (nove) aparecem apenas num ou dois dicionários.

Podemos também concluir, por outro lado, que nenhum destes equivalentes partilha o mesmo leque de valores de 'aliás'. Com efeito, mesmo os dois marcadores alemães mais frequentes só parcialmente recobrem o valor de 'aliás': *übrigens* converge com o sentido digressivo e *beziehungsweise*, com o reformulativo-retificativo. E até as partículas *sonst* e *ohnehin*, comuns a dois dos dicionários, apresentam valores que 'aliás' não tem na atual sincronia do português: *sonst* tem um valor condicional-contrastivo, equivalente a 'caso contrário' ou 'senão', enquanto *ohnehin* pode ter dois valores: marcador de distanciamento, equivalendo a 'em todo o caso', e o valor de introdutor de fecho de tópico ou de fecho de digressão, equivalente à expressão portuguesa 'de qualquer maneira'[4].

2. Algumas considerações de ordem teórico-metodológica

O estudo contrastivo que efetuámos parte de dados empíricos recolhidos no *corpus* Europarl[5] (Koehn, 2005), um *corpus* multilingue, envolvendo debates políticos ocorridos no Parlamento Europeu e as respetivas traduções paralelas nas vinte e uma línguas de trabalho. A opção por um *corpus* deste tipo possibilitou a escolha de discursos originalmente pronunciados por parlamentares portugueses, condição óbvia para a obtenção de dados autênticos produzidos por falantes nativos de português. Por outro lado,

---

[4] É ainda pertinente assinalar que *jedoch* também não se aproxima dos valores contemporâneos de 'aliás'.

[5] *Corpus* acessível no sítio: <http://www.statmt.org/europarl/>.

restringimos o intervalo temporal em análise aos períodos das presidências portuguesas (janeiro a junho de 2000 e julho a dezembro de 2007), períodos em que haveria maior probabilidade de encontrar oradores portugueses. Dada a facilidade em obter a correspondência entre o texto original e o traduzido, um *corpus* como este[6] consentiu uma pesquisa mais rápida e mais eficiente, pois a oportunidade de fazer alinhar o discurso original e o discurso traduzido permitiu ter uma perceção imediata da natureza da tradução efetuada. Com efeito, uma das vantagens deste tipo de *corpora* consiste na possibilidade de explorar concordâncias, isto é, apreender o cotexto, mais ou menos alargado, de todas as ocorrências de uma palavra.

Nesses intervalos temporais, detetámos 885 ocorrências de 'aliás', das quais 184 foram originalmente produzidas em português e não resultaram de opções tradutórias relativamente a outras línguas de partida. Foram essas 184 ocorrências, e as suas traduções em alemão, que constituíram o nosso *corpus* inicial.

Um *corpus* com esta extensão garantia, à partida, que todos os sentidos de 'aliás' previamente elencados estariam presentes, embora, sob outro ponto de vista, tal argumento pudesse ser rebatido tendo em conta tratar-se de um contexto institucional muito específico e de um género textual também ele particular, os quais poderiam promover o surgimento de alguns usos e não de outros. Para além deste último, outros argumentos podem ser aduzidos em sentido contrário ao uso deste tipo de *corpora*. Um deles diz respeito ao facto de o *corpus* traduzido apenas representar uma das possíveis traduções, proveniente de um tradutor, o que impede não só que os dados sobre os quais se trabalha sejam representativos, como também que outras traduções alternativas vejam a luz do dia; de

---

[6] O *corpus* Europarl não corresponde exatamente ao protótipo de um *corpus* paralelo [língua de partida (LP)→ língua de chegada (LC)], já que os enunciados são organizados por língua, independentemente da sua origem; daí cada *subcorpus* reunir quer enunciados originais quer traduzidos.

facto, como afirma Snell-Hornby (1988: 20), "the opinions of the most competent translators can diverge considerably." Por outro lado, num contexto de interpretação simultânea, em que não é possível corrigir e voltar atrás, a opção de um tradutor não permite muita ponderação e pode não apenas vir a revelar-se inadequada tendo em conta a avaliação final do enunciado, como não ser aquela que o mesmo tradutor faria se tivesse, naquele contexto, mais tempo de reflexão. É ainda pertinente observar que, ao desconhecermos o número e a identidade dos tradutores envolvidos neste *corpus*, também corremos o risco de obter algum enviesamento da amostra.

Por último, uma análise unidirecional das traduções, como a que faremos neste estudo, apenas aclara parte do problema, tendo em conta que a retrotradução poderia desvendar outras correspondências.

Cientes destas fragilidades, cremos, ainda assim, que este método de análise, *cross-linguistic*, apresenta vantagens inequívocas. Em primeiro lugar, trata-se de dados autênticos que nos dão a garantia de estarmos a analisar a linguagem em uso; em segundo lugar, esses dados apresentam tendências tradutivas não negligenciáveis, na medida em que são o resultado do trabalho de profissionais; em terceiro lugar, aparecem já contextualizados e traduzidos na LC, sendo de fácil e rápido acesso. Por outro lado ainda, e parafraseando Aijmer, Foolen e Simon-Vandenbergen (2006) uma análise efetuada em *corpora* paralelos pode revelar sentidos (de um MD) que passam mais ignorados numa análise de natureza intralinguística.

De facto, "finding translation correspondences is in many ways a more reliable method of describing individual DMs than providing paraphrases and glosses, or establishing co-occurrence patterns, exemplified by the majority of monolingual research" (Simon-Vandenbergen e Aijmer, 2004: 1786). Ainda segundo as mesmas autoras, o uso de traduções para analisar MD pode também permitir equacionar questões mais amplas, relativas ao delineamento de campos semânticos nas diferentes línguas e à forma como esses campos podem ser diversamente instanciados em cada uma delas, facilitando a destrinça entre universais discursivos e traços que são específicos de determinadas línguas. A pesquisa dos equivalentes alemães de 'aliás' permitirá, pois, evidenciar as soluções adotadas relativamente aos casos, sempre problemáticos, de indeterminação ou de amálgama de sentidos contextualizados e demonstrar a forma como as línguas convergem ou divergem no que toca ao uso destas partículas.

3. Análise e discussão dos resultados

A complexa tarefa de delimitação de sentidos do MD 'aliás' [na língua de partida (LP)] tornou-se óbvia após uma primeira análise dos dados constantes do *corpus*. Com efeito, na grande maioria dos casos, os sentidos do MD encontram-se amalgamados e é difícil encontrar ocorrências de 'aliás' que instanciem apenas um dos sentidos previamente elencados. A existência de zonas de sobreposição implica que há sentidos próximos e até indestrinçáveis, configurando um *cluster* de sentidos. Tal facto vem corroborar a tese de que eles se apresentam num *continuum*, uma vez que os exemplos encontrados respondem bem a dois tipos de paráfrase distintos.

A análise a que sujeitámos o *corpus* fez sobressair esse *continuum* de valores do MD, que se apresentam da seguinte forma:

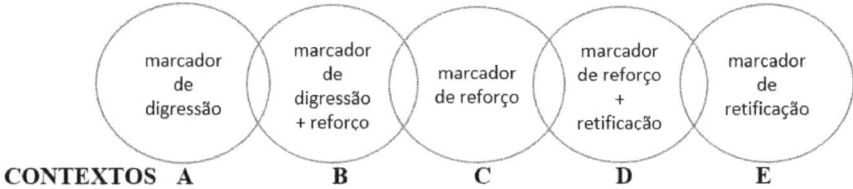

Vejamos alguns exemplos que ilustram todos os casos.

Contexto A - Marcador de digressão
Senhor Deputado, antes de mais, e comentando aquilo que disse o Senhor Presidente, quero dizer que tenho o maior prazer

em estar sob o fogo dos deputados gregos - e tenho excelentes amigos na Grécia onde, **aliás**, passei férias. (00-04-12 <SPEAKER ID=188 NAME="Seixas da Costa">)

Neste excerto, 'aliás' introduz um comentário claramente parentético e sem aparente relevância em termos da argumentação expendida. O falante sinaliza que a expressão subsequente ao MD constitui um segmento lateral que constitui, apenas, um *fait divers*, uma informação da qual poderia prescindir sem fazer perigar o conteúdo proposicional principal. Neste tipo de contextos, 'aliás' pode ser substituído pelo marcador 'diga-se de passagem', o qual também introduz "un ajout non plannifié, évoqué de façon spontannée à la suite de l'énonciation du segment précédant" (Lopes, 2015: 346).

Contexto B - Marcador de digressão + Marcador de reforço
A nossa leitura comum é que esse partido tem uma posição manifestamente contrária aos valores que temos por essenciais no quadro europeu e que, **aliás**, configuram o quadro de referência que a União tem vindo a promover nas suas relações externas, quer no tocante ao seu próximo alargamento, quer no quadro da sua política externa e de segurança comum. (00-02-02 <SPEAKER ID=13 NAME="Seixas da Costa">)

Num contexto como este, cremos que 'aliás' pode ter uma dupla leitura, por um lado como introdutor de uma informação suplementar, de natureza digressiva, apresentada como um dado já conhecido de todos, e também parafraseável por 'diga-se de passagem'; por outro, como sinalizador de um argumento decisivo e irrebatível de um ponto de vista argumentativo. Neste sentido, 'aliás' assinalaria o aditamento de uma informação que reforça uma estratégia argumentativa anterior e seria parafraseável por 'de facto' ou 'na realidade'. Teríamos, pois, aqui, um caso de *cluster* de sentidos em que aquilo que parece ser uma informação lateral pode também assumir o estatuto de argumento mais forte, sendo visível o *continuum* entre os dois sentidos.

Contexto C - Marcador de reforço
A verdade é esta: a Europa tem relações de parceria ao mais alto nível com a Ásia, onde há ditadores, e com a América Latina, onde também alguns países não são democracias, **aliás** alguns desses ditadores são recebidos com tapete vermelho em algumas capitais europeias. (07-07-11 <SPEAKER ID="051" NAME="José Manuel Barroso">)

Eis-nos perante um outro uso do marcador. 'Aliás' sinaliza explicitamente a introdução de um argumento decisivo na estratégia discursiva de crítica à atuação da Europa relativamente aos parceiros ditatoriais com os quais mantém relações. Numa escala argumentativa, e constituindo argumentos coorientados, o segundo argumento, introduzido por 'aliás', é mais forte e tem mais peso no que respeita à conclusão a que conduz. Como se torna evidente, neste contexto, 'aliás' não introduz um mero segmento parentético, mas sim o argumento mais importante, sendo, pois, parafraseável por 'de facto' ou 'na realidade'.

Contexto D - Marcador de reforço + marcador de retificação
Pensamos que o papel da segurança alimentar, nomeadamente em tudo o que se liga à saúde pública, é um elemento fundamental a ser desenvolvido pela nossa Presidência; constitui **aliás**, uma das prioridades do nosso programa. (00-01-19 <SPEAKER ID=163 NAME="Seixas da Costa">)

Neste exemplo, 'aliás' permite também uma dupla interpretação (tal como no anterior contexto B). Não só é parafraseável pelos marcadores 'de facto' e 'na realidade', o que o aproxima do sentido de reforço argumentativo, como também ilustra um contexto em que 'aliás' adquire um valor retificativo, isto é, parafraseável por 'ou melhor' ou 'ou antes'. Nestes contextos, o falante reformula e corrige o seu enunciado anterior, anulando a asserção prévia ou simplesmente, como na ocorrência em análise, escolhendo um argumento que, apesar de integrar a mesma escala argumentativa, é mais forte. Neste sentido, compreende-se a forma como a adição de um argumento de reforço da argumentação pode aproximar-se muito da reformulação (ou autorreformulação) retificativa.[7]

Relativamente ao contexto E, a presença de 'aliás' com valor retificativo puro e inequívoco parece ser nula, no *corpus* em análise. Com efeito, os casos em que essa interpretação é admissível coincidem sempre com os contextos em que é também permitida uma leitura reforçativa, o que nos reconduz ao contexto D.

No *corpus* em análise, os diferentes valores de 'aliás' distribuem-se da seguinte forma: o valor reforçativo, em que o MD prefacia os argumentos de maior influência na argumentação, é o mais frequente (contexto C); o *cluster* que associa o valor digressivo ao valor reforçativo é o segundo mais frequente (contexto B); em terceiro lugar, surge a amálgama entre o valor reforçativo e o retificativo (contexto D). São pouco frequentes as ocorrências de 'aliás' como mero marcador digressivo (contexto A) e não foram detetadas ocorrências do valor retificativo puro (contexto E).

Se observarmos agora o *corpus* traduzido, verificaremos que o total de equivalentes propostos na língua alemã para as 184 ocorrências de 'aliás' é de 24.

Os resultados obtidos aparecem expostos, por ordem alfabética, nas duas colunas do quadro seguinte, em que assinalámos a negrito as opções mais utilizadas:

---

[7] Naturalmente, há constrições sintáticas associadas aos marcadores retificativos clássicos que não afetam aliás; 'ou melhor' e 'ou antes' prefaciam sempre um constituinte proposicional e só podem surgir antes desse constituinte, ao contrário do que acontece com 'aliás', que apresenta maior mobilidade na frase.

Quadro 2

abgesehen davon	1	eindeutig	1
allein schon	1	ferner	1
auch	**18**	**im Übrigen**	**63**
auch noch	1	ja	2
außerdem	**15**	ja auch	1
außerdem da	1	ja im Übrigen	1
außerdem ja	1	mehr noch	2
bereits	2	nebenbei bemerkt	2
dann	1	Ø	**38**
darüber hinaus	2	überdies	1
darüber	1	**übrigens**	**16**
ebenfalls	1	**zudem**	**11**

Uma simples observação do quadro anterior permite constatar que o *corpus* devolveu resultados que divergem bastante do leque de equivalentes esperados (se atendermos às propostas lexicográficas).

O quadro 3 exibe uma leitura estatística das opções mais frequentes:

Quadro 3

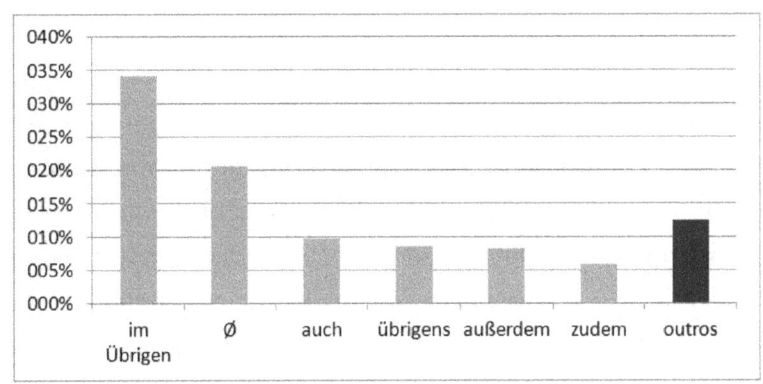

É visível a relação de um MD na LP para muitos na LC e essa dispersão não se dá apenas em termos numéricos, mas também no plano semântico. É de assinalar a opção dos tradutores (cerca de 35% dos casos) por uma expressão – *im Übrigen* (de resto) – que, curiosamente, não consta dos dicionários alemães analisados, e cujo significado agrega os valores reforçativo (além disso) e digressivo (diga-se de passagem; a propósito; por falar nisso), deixando de lado o retificativo.

Ora, tendo em conta que o contexto mais frequente para a ocorrência de 'aliás' é o contexto C (reforçativo), poderíamos pensar que as traduções preferenciais seriam *außerdem* e *zudem*, os MD alemães mais vocacionados para marcar o aditamento de informação; por outro lado, consideremos que, de acordo com o projeto *Wortschatz Uni Leipzig*[8], de todas as opções possíveis, a expressão *im Übrigen* é uma das menos frequentes em alemão, dado que podemos comprovar no quadro seguinte.

Quadro 4

auch	2169078	ferner	4450
bereits	338708	überdies	3466
zudem	74576	**im Übrigen**	**2823**
außerdem	67726	abgesehen davon	901
übrigens	29390	nebenbei bemerkt	133
darüber hinaus	18771		

Então por que razão é a preferida dos tradutores? Consta apenas de um dos dicionários bilingues, mas o seu uso sugere que é a solução padrão, sobretudo se tivermos em conta que é a preferencial para traduzir todos os valores de 'aliás'. Estas observações sugerem que o trabalho dos tradutores/intérpretes procura a relevância ótima (Gutt, 1991: 199), isto é, procura o melhor efeito contextual com o menor custo de processamento para o ouvinte/leitor.

Dadas as constrições do processo tradutivo em que se vê envolvido (a atenção ao discurso do falante original, o processamento dessa informação em tempo real, a urgência em codificá-la numa

---

[8] Wortschatz (2016): Deutscher Wortschatz – Portal, http://wortschatz.uni-leipzig.de

língua diferente, a busca de soluções para problemas iminentes e a pressão do tempo), o tradutor/intérprete tende a optar por um MD cujo valor procedimental é mais lato, não limitando assim, em demasia, o leque de potenciais sentidos e permitindo ao ouvinte/leitor maior latitude interpretativa.

Em segundo lugar, verifica-se que, dos 184 casos de 'aliás', 38 não são sequer traduzidos, (cerca de 21%), ou seja, mais de um quinto das ocorrências. A omissão do marcador verifica-se sobretudo nos contextos em que ele assume um valor claramente digressivo, como é visível no exemplo seguinte, acompanhado da respetiva tradução:

A proposta do Parlamento Europeu contempla aspectos que melhoram o projecto apresentado pelo Conselho, como por exemplo, o reforço das verbas para a política de coesão, como **aliás** também propusemos, embora devendo sublinhar-se que a sua aplicação efectiva é em grande medida posteriormente desvirtuada para a concretização dos objectivos da agenda neoliberal que é a Estratégia de Lisboa, o que firmemente rejeitamos.

Der Vorschlag des Parlaments beinhaltet Aspekte, die den vom Rat vorgelegten Entwurf verbessern, wie die Erhöhung der Mittelzuweisungen für die Kohäsionspolitik, die ø auch wir vorgeschlagen haben. Gleichwohl sollten wir betonen, dass deren wirksame Umsetzung später größtenteils unterlaufen wird, um die Ziele der neoliberalen Agenda der von uns abgelehnten Lissabon-Strategie zu erreichen. (07-10-23 <SPEAKER ID="228" NAME="Pedro Guerreiro" AFFILIATION="GUE/NGL">)

No entanto, esse apagamento ocorre também em alguns contextos em que é permitida uma interpretação digressivo-reforçativa e até claramente reforçativa, como se atesta, respetivamente, através dos exemplos seguintes e das subsequentes traduções:

Somos testemunhas, neste Parlamento, da excelente colaboração que o Presidente da Comissão Europeia e esta Comissão Europeia têm assumido com o Parlamento Europeu, como funcionou bem a cooperação com todos os deputados, os deputados portugueses são disso testemunha, os deputados do PSD orgulham-se de terem contribuído para o bom sucesso desta Presidência.
Portugal deu, **aliás**, sempre o seu melhor quando exerceu a Presidência do Conselho. Foi assim em 92 com Cavaco Silva e o então Ministro dos Negócios Estrangeiros João de Deus Pinheiro, foi assim em 2000, com o Primeiro-Ministro António Guterres, foi assim em 2007, na terceira Presidência do Conselho da União, com José Sócrates e o Ministro Luis [sic] Amado.

Wir konnten uns in diesem Parlament selbst von der hervorragenden Zusammenarbeit des Präsidenten der Europäischen Kommission und der Kommission selbst mit dem Parlament überzeugen; alle Europaabgeordneten haben gut zusammengearbeitet – das können die portugiesischen Abgeordneten bezeugen –, und die PSD-Mitglieder sind stolz darauf, dass sie zum Erfolg dieser Präsidentschaft beitragen konnten.
Portugal hat ø stets sein Bestes gegeben, wenn es den Ratsvorsitz geführt hat. Das war 1992 der Fall unter Herrn Cavaco Silva und dem damaligen Außenminister João de Deus Pinheiro, das war im Jahr 2000 der Fall unter Ministerpräsident António Guterres und das war 2007 der Fall, als wir das dritte Mal den Ratsvorsitz unter Leitung von José Sócrates und Minister Luis Amado innehatten. (07-12-18 <SPEAKER ID="031" NAME="Carlos Coelho" AFFILIATION="PPE-DE">)

Apesar do [sic] acordo introduzir prazos processuais estritos, estabelecer taxas de visto preferenciais, incluindo uma isenção total da taxa de visto para certas "categorias de pessoas" (?) e prever um procedimento simplificado para diferentes situações, fica aquém do que se exigiria e do que necessitam milhares e milhares de cidadãos ucranianos.

Aliás, como os relatores deixam a entender, a necessidade que se coloca é a da efectiva implementação de medidas com vista à facilitação de vistos para grupos mais vastos da sociedade ucraniana, até a um regime de isenção da obrigação de visto, sem discriminações, como a Ucrânia fez relativamente a cidadãos dos diferentes países da UE.

Auch wenn das Abkommen strenge Verfahrensfristen einführt, ermäßigte Visagebühren einschließlich einer vollständigen Befreiung von der Visagebühr für bestimmte Personengruppen (?) festsetzt und in einigen Fällen ein vereinfachtes Verfahren vorsieht, ist es weit entfernt von dem, was erforderlich ist und was Tausende von Bürgern der Ukraine bräuchten.

Die Berichterstatter haben ø nicht erkannt, wie notwendig es ist, dass Maßnahmen zur Visaerleichterung für breitere Gruppen der ukrainischen Gesellschaft bzw. eine nicht diskriminierende Visabefreiung erforderlich sind, wie sie von der Ukraine bei Bürgern einzelner EU-Länder praktiziert wird. (07-11-13 <SPEAKER ID="123" NAME="Pedro Guerreiro " AFFILIATION="GUE/NGL">)

O desaparecimento do MD suscita algumas reflexões. Em primeiro lugar, este dado vem corroborar os estudos já efetuados e que afirmam que a omissão constitui uma estratégia tradutiva bastante frequente (Bazzanella et al., 2007: 11; Aijmer, 2008: 95; Furkò, 2014: 182).

Em segundo lugar, apesar de a sua omissão ocorrer tendencialmente em contextos de natureza digressiva, não deixa de causar alguma perplexidade o facto de ocorrer também em contextos de cariz reforçativo, o que vem a ter, obviamente, implicações no domínio da própria argumentação. Como explicar a ausência de um marcador que introduz o argumento decisivo? Se essa instrução não é dada ao ouvinte/leitor, que tipo de interpretação fará ele relativamente à sequência de argumentos que se lhe apresenta?

De acordo com Hellberg (2013: 9), "[e]ven if pragmatic markers are usually grammatically optional and their lexical meaning may have been reduced, they still serve important pragmatic functions." De facto, ao funcionarem como pista interpretativa, os MD desempenham um papel fundamental no processo interpretativo, na construção das inferências, e a sua ausência resultará seguramente numa interpretação diferente.

É ainda pertinente assinalar que a omissão do MD é anómala, tendo em conta as diretivas que regulamentam a interpretação simultânea e que preveem uma reprodução correta, completa e precisa do dito (Setton & Dawrant, 2016a; 2016b). Se o MD é necessário para uma avaliação mais fina do sentido do enunciado, então como se justifica o seu apagamento?[9] Será, como afirma Gile (1999), um sinal de que o intérprete está a trabalhar perto do ponto de saturação?

A ocorrência de 'aliás' em início absoluto de frase poderia constituir uma explicação para esta estratégia de omissão, pois o tradutor-intérprete não sabe ainda, no momento em que ouve o marcador, qual dos sentidos vai ser ativado naquele contexto e, mais tarde, quando compreende qual dos valores foi atualizado já é demasiado tarde para o traduzir. Tal constrição não é, contudo, preponderante nos exemplos em causa, pois apenas em oito das ocorrências (que correspondem a omissão) 'aliás' ocupa tal posição sintática. Paralelamente, verificou-se que, em outros exemplos nos quais 'aliás' ocupa a posição de início absoluto, ele é traduzido por um leque bastante variado de outras soluções – embora a

---

[9] Serão as *nuances* prosódicas suficientes para transmitir, de outra forma, o valor do marcador? Sem acesso a dados orais, não é possível responder a esta pergunta.

mais frequente seja *im Übrigen* – o que impede a construção de um padrão de tradução e impossibilita o desenho de conclusões consistentes.

Observemos agora o conjunto das quatro expressões que, em número já bastante inferior, são usadas para traduzir 'aliás': *auch*; *übrigens*; *außerdem* e *zudem*. Impõe-se desde já avançar a tradução (conquanto descontextualizada) que estas expressões têm em português, a saber:

Quadro 5

auch	também
übrigens	a propósito / diga-se de passagem
außerdem	além disso
zudem	além disso

Compreende-se facilmente que enquanto *auch*, *außerdem* e *zudem* abrangem melhor os sentidos de adição e reforço, *übrigens* traduz melhor o sentido digressivo, distanciando-se claramente dos outros três. Refira-se ainda que nenhum deles é tão polifuncional como 'aliás'.

Ao cotejarmos todas estas informações, sobressai a maior amplitude semântica do marcador *im Übrigen*, que recobre um maior leque de valores, e a maior especificidade semântica dos quatro últimos (*auch*; *übrigens*; *außerdem* e *zudem*). E embora exista, como vimos pela análise lexicográfica, pelo menos uma expressão capaz de dar conta do *cluster* de sentidos reforço-retificação (*beziehungsweise*) destaca-se ainda a ausência de uma tradução alemã que dê conta deste valor (contexto D), uma vez que nenhuma das opções dos tradutores tem valor retificativo.

O Quadro 6 dá conta desta distribuição:

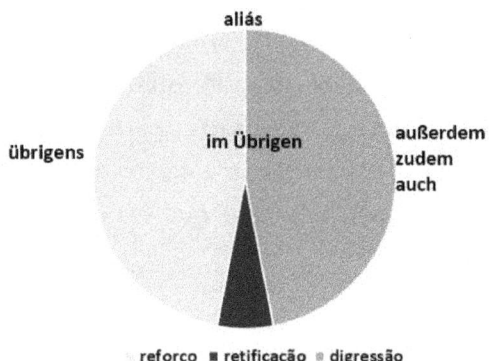

É notório que 'aliás' pode veicular três sentidos distintos, se bem que frequentemente sobrepostos – embora aqui compartimentados para efeitos de clareza expositiva – enquanto *im Übrigen* abarca apenas dois desses sentidos; *übrigens*, por sua vez, apenas um deles, e *außerdem, zudem* e *auch,* o outro.

O grupo de expressões designado por 'outros', no Quadro 3, abrange 18 itens diferentes. Embora tratando-se de itens diversificados, podemos ensaiar a tentativa de os agregar tendo em conta os seus valores semânticos. Assim, conseguimos identificar um grupo de expressões cujo denominador comum é a possibilidade de serem parafraseados por *außerdem*, e que têm, *grosso modo*, valor de adição: *darüber, darüber hinaus, ebenfalls, ferner, überdies*.

Um segundo grupo aproxima-se mais facilmente de *im Übrigen*, tendo, como traço partilhado, o valor digressivo: *ja, ja auch, nebenbei bemerkt, übrigens*.

Sob esta ótica, poderemos então reformular as informações previamente avançadas relativamente às soluções procuradas pelos tradutores. De acordo com este rearranjo, os equivalentes preferenciais são os que integram o grupo *im Übrigen* e *übrigens* (86 opções) e, em segundo lugar, os que integram o grupo de *außerdem* (com 50 opções), surgindo então, em terceiro lugar, a omissão do MD.

Gostaríamos ainda de realçar algumas traduções que se desviam, claramente, do sentido original, comprometendo, portanto, a exigência de uma tradução fidedigna. Nestes casos, 'aliás' é traduzido através de diferentes expressões que, como veremos, impõem uma leitura muito específica e que se encontra já muito distante dos valores do marcador na LP. Atentemos em dois exemplos:

Aliás, fica mais caro remediar do que prevenir.

Heilen ist **eindeutig** kostspieliger als Vorbeugen.
(A cura é **claramente/sem dúvida** mais cara do que a prevenção)
(07-09-03 <SPEAKER ID="069" NAME="Edite Estrela" AFFILIATION="PSE">)

Neste exemplo, a expressão *eindeutig* possui um valor modal, de natureza epistémica, que está ausente de 'aliás'.

Esta situação é ainda agravada pela reserva de verbas que a Comissão faz para si, o que, **aliás**, aliado às acções pontuais, apenas deixa para as organizações três milhões de euros, verba manifestamente diminuta.

Erschwerend kommt hinzu, daß die Kommission eine Mittelreserve für sich einführt. Zusammen mit den punktuellen Maßnahmen bleiben **dann** für die Organisationen nur noch drei Millionen Euro, eine offenkundig unzureichende Finanzausstattung.
(...Juntamente com as medidas pontuais ficariam, **então / assim / nestas circunstâncias**, para as organizações apenas 3 milhões...)
(00-03-17 <SPEAKER ID=21 NAME="Figueiredo">)

A expressão *dann* pode ser traduzida por qualquer uma das expressões propostas, sendo verdade que a última já não é considerada MD, embora, em qualquer dos casos, o sentido veiculado seja o consequencial-conclusivo que 'aliás' não possui.

Conclusões

A análise das ocorrências de 'aliás' nos textos originais permitiu-nos confirmar a existência de todos os sentidos do MD em uso na atual sincronia do português e constatar que ele opera em diferentes planos do significado, nomeadamente no plano do dizer, da enunciação, através da operação de reformulação-retificação, no que se consuma uma dimensão meta; e no plano do dito, do enunciado, através da operação de adição de informação (valores digressivo e reforçativo). Analisados esses dados, pudemos ainda concluir que esses sentidos surgem, na sua esmagadora maioria, agregados em *clusters*, e que nem sempre é fácil apreender qual o sentido mais saliente.

Por seu turno, a análise das traduções permitiu também delinear algumas conclusões interessantes. Em primeiro lugar, evidenciou que as escolhas dos tradutores se encontram muito distantes das sugestões propostas pelos dicionários. Tal distância é reveladora das lacunas e das omissões presentes nos dicionários, sempre aquém das necessidades tradutivas dos profissionais, e comprova que, para traduzir um MD, os tradutores-intérpretes se apoiam mais na função, contextualizada, da partícula.

Em segundo lugar, pudemos verificar que, em alemão, é possível encontrar expressões capazes de traduzir cada um dos valores de 'aliás', *per se*, e que até se encontra um equivalente capaz de conjugar dois desses sentidos (*im Übrigen*); todavia, comprovou-se não existir, na LC, nenhum equivalente que combine os três valores do MD português. Esta inexistência, a polifuncionalidade do MD e a sua extrema sensibilidade aos contextos dificultam o trabalho do tradutor-intérprete que, em tempo real e sob pressão, tem problemas em identificar o sentido e/ou *cluster* de sentidos ativado e em escolher o correspondente mais adequado. Nestas circunstâncias, a opção tradutiva recai sobre o MD *im Übrigen*, ou seja, sobre aquele que apresenta uma correspondência 'quase' perfeita com o português 'aliás'.

Se pensarmos, no entanto, que o contexto D (reforçativo-retificativo) é o terceiro mais frequente no *corpus* e considerando, por um lado, que *im Übrigen* não tem esse valor retificativo e, por outro lado, que nenhum dos marcadores de natureza reformulativa/retificativa propostos pelos dicionários foi utilizado pelos tradutores, podemos também concluir que o valor reformulativo-retificativo se perde completamente nas traduções, restando apenas a leitura de reforço, o que, não desvirtuando a intenção do falante original, ainda assim empobrece claramente o leque de possibilidades interpretativas. Este mesmo comentário é também extensivo às muitas omissões encontradas na tradução, pois o apagamento do MD na LC resultará certamente num discurso menos rico e mais neutro, isto é, destituído de alguma informação de natureza pragmática que auxilia o processo interpretativo.

Os resultados aqui apresentados devem, naturalmente, ser confirmados através da análise de outros géneros textuais, de modo a obtermos um conhecimento mais amplo e rigoroso acerca do MD e dos seus valores.

Referências

Aijmer, Karin (2008). Translating discourse particles: a case of complex translation. In Gunilla Anderman e Margaret Rogers (Eds.), *Incorporating corpora: The Linguist and the Translator*. Clevedon/Tonawanda/Ontario: Multilingual Matters

Aijmer, Karin, Foolen, Ad e Simon-Vandenbergen, Anne-Marie (2006). Pragmatic markers in translation – a methodological proposal. In Kerstin Fischer (Ed.), *Approaches to Discourse Particles*. Oxford: Elsevier, 101-114.

Almeida, Daniel M. (2013). O marcador do discurso *aliás* e suas possibilidades para a língua espanhola. *Entretextos*, vol. 13, n.º 2, 344-362.

Andersen, Gisle (2001). *Pragmatic Markers and Sociolinguistic Variation: A Relevance-theoretic approach of the language of adolescents*. Amsterdam: John Benjamins.

Bazzanella, Carla *et alii* (2007). Italian «allora», French «alors»: functions, convergences, and divergences. *Catalan Journal of Linguistics*, 6, 9-30.

Bechara, Evanildo (2005). *Moderna Gramática Portuguesa*. Rio de Janeiro: Lucerna.

Chaume, Frédéric (2004). Discourse Markers in Audiovisual Translating. *Meta : journal des traducteurs / Meta: Translators' Journal*, vol. 49, n° 4, 843-855.

Cunha, Celso e Cintra, Lindley (1984/1991). *Nova Gramática do Português Contemporâneo*. Lisboa: Sá da Costa (8.ª ed.).

Degand, Liesbeth. (2009). On describing polysemous discourse markers. What does translation add to the picture? In Stef Slembrouck, Miriam Taverniers, Mieke Van Herreweghe (Eds.), *From will to well. Studies in Linguistics offered to Anne-Marie Simon-Vandenbergen*. Gent: Academia Press, 173–183.

Fernandes, Ivani C. S. (2005). Estudio comparativo de los marcadores del discurso en el español y en el portugués: el caso de los reformuladores en la prensa escrita. In: *Interlingüística*, n. 16, (2), 1019-1028.

Fraser, Bruce. (1999). What are discourse markers? *Journal of Pragmatics*, 31: 931–952.

Furkò, Bálint Péter (2014). Perspectives on the Translation of Discourse Markers. A case study of the translation of reformulation markers from English into Hungarian. *Acta Universitatis Sapientiae, Philologica*, 6, 2, 181-196.

Gile, Daniel (1999). Testing the Effort Models' tightrope hypothesis in simultaneous interpreting - a contribution. *Hermes*, 23, 153-172.

Gutt, Ernst-August. (1991). *Translation and Relevance: Cognition and Context*. Oxford: Basil Blackwell.

Hansen, Maj-Britt Mosegaard (1998). *The Function of Discourse Particles*. Amsterdam: John Benjamins.

Hellberg, Sanna Estling (2013*). Translating Pragmatic Markers - or whatever you want to call them*. Texto disponível online em <http://www.sannahellberg.com/wp-content/uploads/2014/12/Pragmaticmarkers.pdf>

Hölker, Klaus. (1991). Französisch: Partikelforschung [Research on French particles]. Lexikon der Romanistischen Linguistik [*Lexicon of Romance Linguistics*], *5 (1)* Tübingen: Niemeyer, 77-88.

Koch, Ingedore G. (1984). *Argumentação e linguagem*. São Paulo: Cortez Editora.

Koehn, Phillipp (2005). Europarl: A parallel corpus for statistical machine translation. *Proceedings of the Tenth Machine Translation Summit, September 13-15*. Phuket, Thailand, 79-85.

Lopes, Ana Cristina Macário (2010). Aliás: évolution d'un marqueur de discours en portugais. Comunicação apresentada no *Coloquio Internacional Marcadores del Discurso en las Lenguas Románicas* (Madrid, Univ. Complutense, 5-7 de mayo de 2010).

Lopes, Ana Cristina Macário (2015). Aliás: contribution à l'étude diachronique d'un marqueur du discours du Portugais. In Margarita Borreguero-Zuloaga e Sonia Gómez-Jordana Ferary (Eds.), *Marqueurs du discours dans les langues romanes: une approche contrastive*. Limoges: Lambert-Lucas, 2014.

Ponce de León, Rogelio & Duarte, Isabel Margarida (2013). Aliás / alias: diferencias de empleo en portugués y en español. In Nicole Delbecque, Marie-France Delport e Daniel Michaud Maturana (Eds.). *Du signifiant minimal aux textes. Etudes de linguistique ibero-romane*. Leuven: Lambert-Lucas, 137-152.

Schiffrin, Deborah (1987). *Discourse Markers*. Cambridge: Cambridge University Press.

Schoroup, Lawrence (1999). Discourse Markers. *Lingua* 107 (3-4), 227-265.

Setton, Robin & Dawrant, Andrew (2016a). *Conference Interpreting – A Complete Course*. Amsterdam: John Benjamins.

Setton, Robin & Dawrant, Andrew (2016b). *Conference Interpreting: A Trainer's Guide*. Amsterdam:John Benjamins.

Simon-Vandenbergen, Anne-Marie e Aijmer, Karin (2004). A model and a methodology for the study of pragmatic markers: the semantic field of expectation. *Journal of Pragmatics*, 36, 1781-1805.

Snell-Hornby, Mary (1988/1995). *Translation Studies: An Integrated Approach*. Amsterdam: John Benjamins.

Steele, David (2015). Improving the Translation of Discourse Markers for Chinese into English. *Proceedings of NAACL-HLT 2015 Student Research Workshop* (SRW). Denver, Colorado. Association for Computational Linguistics, 110–117.

Dicionários

Dicionário *bab.la* (http://pt.bab.la/dicionario/portugues-alemao/)

Dicionário da Língua Portuguesa Contemporânea. Academia das Ciências de Lisboa (2001).

Dicionário Houaiss da Língua Portuguesa. Lisboa: Círculo de Leitores (2002).

Infopédia. Grupo Porto Editora. (https://www.infopedia.pt/).

Langenscheidt-Redaktion (Berlin/München), Hoepner, L., Kollert, A. M. C., & Weber, A. (1999). *Langenscheidt Taschenwörterbuch Portugiesisch: portugiesisch-deutsch, deutsch-portugiesisch*. Langenscheidt.

LEO Wörterbuch Portugiesisch-Deutsch. LEO GmbH. (https://dict.leo.org/portugiesisch-deutsch).

PONS Online-Wörtebuch. PONS GmbH. (http://de.pons.com/).

ÍNDICE REMISSIVO

Nota: marcadores discursivos e/ou expressões equivalentes estão representados em itálico

a proposito, 39, 41
a propósito, 112, 113, 114, 127
a(l), 62
A.Ma.Dis, 17, 19
abgesehen davon, 121
absolute initial position, 25, 26, 27, 28, 29
acquisition, 15, 16, 17, 18, 34, 46, 48, 52, 53
acquisitional process, 15, 16, 19, 41, 53
acquisitional research, 17
addition, 21, 22, 45
además, 72, 78
adição de argumento, 111, 120
adição de informação, 13, 130
advérbio, 91, 92, 110
afirmação, 92
agreement, 21, 30, 31, 40, 45
além disso, 113, 122, 127
aliás, 5, 13, 105, 106, 109, 110, 111, 112, 114, 115, 117, 118, 119, 120, 122, 123, 126, 127, 128, 129, 130, 131
allein 121

allora, 25, 26, 28, 29, 30, 32, 33, 34, 36, 38, 39, 43, 49
allora guardi, 25
ameaçador de face, 96
anáfora textual, 76
análisis del discurso, 12, 60
anche, 33, 34, 35, 36, 37, 38, 42, 45, 46
and, 25, 34
and then, 35, 36, 44
anzi, 38, 50
apagamento do MD, 131
appunto, 42, 45
aprovação, 92
argumentative anti-orientation, 22
argumentative relations, 21
argumento decisivo, 112, 118, 119, 126
as far as x is concerned, 35
ascolta, 25, 26, 38
assim, 129
asymmetric conversations, 35
asymmetric interactions, 18, 19, 27
asymmetries, 17
auch, 121, 122, 127, 128

aunque, 61, 62, 68, 69
außerdem, 113, 121, 122, 127, 128
autorreformulação retificativa, 120
be' 25, 26, 27, 29, 38, 40, 44, 47, 49, 50
bene, 16, 26, 28, 29, 30, 36, 40, 42, 43
bereits, 121
besser gesagt, 113
beziehungsweise, 112, 113, 114, 127
bidireccional, 77, 81
bordão linguístico, 110
but, 28, 34, 36, 38, 40, 42, 43, 44, 46, 51
but p, 99
c'est pour cela que, 78
calidad, 88
caso contrário, 113, 114
cause-consequence, 21
certo, 29, 40
changing topics, 33
CHAT-LAN, 19
CHILDES, 19
cioè, 25, 26, 28, 39, 48, 49, 50
clases de palabras, 59, 63, 70, 73
closing, 20, 21, 24, 25, 26, 30, 31, 32, 34, 40, 42, 45, 48, 52, 53
closing topics, 40
cluster de sentidos, 117, 118, 127, 131
cluster de valores, 13
code-switching, 15, 37, 45, 48, 50, 53
coesão, 107
cognitive functions, 23, 54
cognitive macrofunction, 20, 21
cognitivo-funcional, 109
collaborative answer, 21
come dire, 48, 49
competence, 18, 19, 20, 23, 24, 27, 41, 45, 47, 50

comunque, 39
conclusion, 47, 50
conectividade, 107
conector discursivo, 69
conector polisémico, 82
conectores, 79, 82
conectores clivados, 78
conectores contraargumentativos, 70
conectores discursivos, 70
conjunción, 59, 62, 63, 67, 69, 70, 71, 82, 83
conjunciones coordinantes, 59, 63, 64, 69, 71
conjunciones subordinantes, 59, 63, 67, 69, 71
connective functions, 21
connectives, 16, 37
consentimento, 92
constituinte proposicional, 120
constituinte prosódico, 97
context, 19, 22, 23, 25
contexto enunciativo, 96
continuum, 109, 117, 119
contrast, 21, 22
contraste de sistemas lingüísticos 84
control-corpus, 19
contudo, 112, 126
conversation, 18, 19, 20, 25, 27, 28, 30, 31, 32, 33, 34, 35, 40, 43, 46
conversation control functions, 20
Conversational Analysis, 19
conversational contact, 22
co-occurrence patterns, 116
coordenação, 12, 91, 99, 100, 101
coordinación, 59, 65, 66, 67, 70
Corpus de Referência do Português Europeu Contemporâneo, 95

co-text, 22
creatividad, 75, 77, 81, 83, 85, 88, 89
criatividade, 12
CRPC, 95, 97
cuando 61, 62, 65, 72
d'accordo, 26, 29, 30, 31, 32, 39, 40, 41, 42
dann, 121, 129
DAR, 95
darüber, 121, 122, 128
darüber hinaus, 121, 122, 128
das heißt, 113
de facto, 118, 119
de qualquer maneira, 113, 114
de resto, 113, 121
debates parlamentares, 96
denial, 92
denn, 87
desemantization, 29
desemantized DM, 26
desequilibrio, 82, 86
Diários da Assembleia da República, 95
diciamo, 47, 48, 49, 50
diga-se de passagem, 112, 113, 114, 118, 122, 127
digression, 22, 41, 42, 44, 52
direi, 39, 41
disagreement, 21
discourse markers, 5, 11, 15, 16, 18, 29, 60, 76, 102, 106, 132
discursive functions, 15, 17, 19, 20, 25, 26, 44, 48, 51, 53
discursive topics, 20, 21, 22, 24
dispersão, 112, 121
distribuição, 106, 128
disymmetry, 52

DMs, 16, 17, 19, 20, 23, 24, 25, 26, 27, 28, 29, 30, 31, 34, 35, 36, 37, 40, 41, 42, 43, 44, 45, 47, 48, 49, 50, 51, 52, 53, 54, 76, 108, 116
donde, 61, 62
doxastic modality, 22
dunque, 25, 26, 29, 39, 40, 41, 44, 49, 50
e poi, 36, 39, 44
ebenfalls, 121, 128
ecco, 45, 48, 49
effettivamente, 39, 44
eindeutig, 121, 129
em todo o caso, 114
emisor, 77, 79
enfático, 91, 99, 101
enlace de oraciones, 12, 59, 60, 63, 64, 65, 69, 71, 73
então, 129
enunciado, 95, 96, 99, 107, 112, 116, 120, 126, 130
enunciado plausível, 96
enunciado real, 96
epistemic modality, 22
equivalencia, 84
equivalencia de marcadores, 79
equivalente, 13, 114, 130
equivalentes lexicográficos, 108, 113
es por eso que, 78
estructura de la información, 79
et en plus, 78
et pourtant, 78
EUROPARL, 92, 93, 94, 98, 99, 100
evidentiality, 22
explicitación, 78, 82
explicitud, 75, 77
ferner, 121, 122, 128

filled pauses, 23, 47
fillers, 47
final turns, 31
finality, 21, 22
floor, 20, 21, 22, 23, 27, 29, 41, 46
focalization, 24, 45
foco-fondo, 79
focus particles, 37, 45
focusing, 21, 22, 24, 46, 51
fossilization, 16
função, 95, 96, 105, 107, 108, 110, 111, 130
função denotativa, 107
função emotiva, 107
função expressiva, 107
função pragmática, 108
função referencial, 107
função refutativa, 95, 96
função retificativa, 95
função textual, 110
funções discursivas, 11
functional approach, 17, 20
gramática de la oración, 73
gramática del discurso, 73
grammaticalization, 29
grosso modo, 128
guardi, 25, 32, 33, 43
hear, 25
hermeneútica, 75
hermenêutica, 12
I don't know, 27, 33, 35, 36, 48
if anything, 94
im Übrigen, 113, 121, 122, 127, 128, 130, 131
implícito, 75, 77, 79, 80, 87
in effetti, 49
in fin dei conti, 40

inferential connection, 22
Information organization, 22, 24
início absoluto de frase, 126
innanzitutto, 43
insomma, 40, 42, 45, 47, 48, 49, 50
intenção do falante, 131
intensification, 16, 21
interaction, 20, 25, 26, 27, 29, 30, 31, 34, 35, 42, 45, 51, 52
interactional functions, 23
interactional macrofunction, 20
interjections, 23, 26, 41
interlanguage, 16, 20, 23, 31, 35, 36, 44, 48, 51, 53, 54
interordinación, 66
interpretación, 75, 76, 77, 79, 81, 82
intonation, 16
invece, 39
ja, 87, 121, 128
jedoch, 112, 113, 114
justaposição, 95, 99
justification, 21
L2 acquisition, 16
L2 Italian, 5, 11, 15, 16, 18, 37, 48
L2 Spanish, 16, 24
le dico, 36, 39, 43, 49
le spiego, 39
let's say, 47, 48, 49
lexical acquisition, 15
lexical and morphosyntactic competence, 16
lexical approach, 17
listen, 25, 46
logic-argumentative functions, 41
look, 25, 27, 32, 33, 43
ma, 16, 28, 36, 37, 38, 39, 41, 46, 51
macrofunctions, 20, 22

mais concretamente, 112, 113, 114
marcador, 59, 69, 91, 105, 117, 118, 119
marcador contrastivo, 110
marcador de correção, 110
marcador de digressão, 110
marcador de distanciamento, 114
marcador de reforço, 110, 118
marcador de reforço argumentativo, 111
marcador discursivo, 5, 12, 13, 59, 60, 62, 63, 67, 72, 76, 91, 95, 97, 105
marcador introductor de enumeración, 85
marcadores del discurso, 5, 12, 63, 64, 65, 74, 75, 76, 89, 132
MD, 11, 12, 75, 76, 78, 79, 81, 85, 86, 87, 88, 106, 107, 108, 109, 111, 112, 116, 117, 118, 120, 121, 122, 123, 125, 126, 128, 130, 131
mecanismos de enlace, 5, 12, 59, 60, 65, 69, 70
mehr noch, 121
metadiscursive functions, 15, 17, 20, 23, 24, 25, 30, 34, 42, 45, 46, 53
metadiscursive macrofunction, 21
mimicking, 17
mit anderen Worten, 113
mitigation, 16, 21, 47
modal values, 22
modality, 22
modalizadores, 82, 86
muletillas, 47
na realidade, 118, 119
não p, 95, 97
não p || sim q, 95, 99, 100
native speaker, 34

nativos e não nativos, 11
nebenbei bemerkt, 121, 122, 128
negação metalinguística, 96
nestas circunstâncias, 129
niente, 26, 30, 32, 39, 44, 49
nivel comunicativo-subcutáneo, 88
NNS, 23, 25, 31, 34, 35, 38, 41, 44, 45, 47, 52
no, 36
no sé, 48, 49
no so, 48, 49
non so, 26, 33, 35, 48, 49
non-native speakers, 23
non-paraphrastic reformulation, 49, 52, 53
not p... but q..., 91, 92, 99
NS, 17, 19, 23, 25, 31, 32, 33, 34, 35, 36, 37, 38, 41, 42, 43, 44, 45, 47, 49, 52
ohnehin, 113, 114
ok, 16, 26, 30, 31, 32, 33, 35, 39, 40, 42, 43, 47, 48
omissão, 100, 108, 123, 125, 126, 128
online planning, 21, 24, 46, 47, 49, 52, 53
onomasiological approach, 15, 17, 24, 51, 52, 53
opening, 20, 21, 24, 25, 29, 30, 32, 34, 48, 51, 52
opposition, 21, 22
oração, 12
oración, 12, 59, 60, 61, 64, 65, 66, 68, 69, 71, 72, 73
oraciones yuxtapuestas, 67, 72
ordering, 22, 24, 45, 51
ou antes, 112, 113, 114, 120
ou melhor, 113, 120

ou seja, 112, 113, 114
para, 62
para que, 62, 71
paralelismo lógico, 83
paralinguistic cues, 17
paraphrastic, 21, 49, 50, 52, 53
paraphrastic reformulation, 49, 52, 53
particularizers, 45
partículas modales, 82, 86, 87
per quanto riguarda, 35
per quel che riguarda, 39
pero, 61, 62, 64, 67, 68, 69
però, 34, 36, 37, 38, 39, 40, 41, 43, 44
perspetiva onomasiológica, 108
perspetiva semasiológica, 108, 109
phatic cues, 21
phatic function, 22
poeticidad, 77, 88
polaridade, 91, 96, 101, 110
polifonia, 96
polifuncionalidad, 79
polifuncionalidade, 8, 108, 130
polisemia aditiva, 82
polisemia adversativa, 82
politeness strategies, 16, 18, 21
polyfunctionality, 23
por eso, 72
por, 62, 71, 72
por el contrario, 67, 68
por falar nisso, 122
por un lado... por otro, 62, 70
porque, 61, 65, 66, 71
pragmatic competence, 16
pre-closing, 30, 31
preposición, 62, 63, 71
prima di tutto, 52

primary functions, 23, 31
proceso creativo de la traducción, 77
processo interpretativo, 107, 126, 131
prosodic cues, 23, 51, 52, 54
prosodic features, 19
prosodic markers, 41
prosody, 16, 24
pues, 16, 26
quindi, 36, 39, 40, 41, 42, 43, 51
reaction, 22
reactive answer, 21, 22, 27
receiver, 21
receptor, 77, 79
rectification, 50, 92
reforço, 110, 111, 118, 119, 120, 123, 127, 131
reformulação, 13, 111, 112, 120, 130
reformulation, 20, 21, 22, 24, 46, 49, 50, 52, 53, 57
reformulativo, 114, 131
refutação, 91, 95, 96, 102
relaciones contextuales, 76
relevância ótima, 122
rema, 84
repetition, 17
resumption, 21, 47
retificação, 13, 91, 96, 110, 111, 119, 127, 130
retificativo, 91, 98, 99, 101, 114, 120, 122, 127, 131
riempitivi, 47
roles, 18
schon, 121
Second Language Acquisition, 16
secondary and tertiary functions, 23
semiequivalencia, 84
semi-spontaneous interactions, 19

senão, 114
senta, 25, 26
setting 86
sì, 16, 25, 26, 28, 29, 33, 34, 35, 37, 38, 39, 40, 42, 44, 48, 51
signo polisémico, 77
sim, 5, 13, 91, 92, 93, 94, 95, 96, 97, 98, 99, 100, 101, 119
sim q, 95
sin embargo, 62, 70
sinalizador, 110, 118
sintaxe, 12
sintaxis, 12, 60, 61, 64
solo, 45
sonst, 113, 114
soprattutto, 41
speaker., 20, 21, 22, 24, 25, 30, 34, 35, 47, 50
subfunctions, 21, 22
subordinação, 12
sujeto, 64, 86
summary, 45, 50
summing-up, 21, 22, 45, 52, 53
symmetric, 18, 19, 27, 31
symmetries, 17
taking the floor, 27
task-oriented interactions, 19
taxonomy, 17, 20
tema-rema, 79
texto literário, 12
that is to say, 25, 49
thematic progression, 24
ti dico, 36, 39
ti spiego, 39
to do, 99, 101
topic management, 45
topic progression, 24

Topic switch functions, 38
tópico lateral, 112
tra l'altro, 39, 45
tradução, 5, 7, 8, 12, 13, 91, 92, 94, 97, 98, 99, 100, 101, 105, 107, 108, 109, 115, 123, 127, 129, 131
traducción, 5, 12, 75, 76, 77, 78, 79, 80, 81, 82, 83, 84, 85, 86, 87, 88
traductológico-estilístico, 88
transfer, 27, 29, 37, 38, 48, 53
translation, 25, 54
turn alternation, 20
überdies, 128
übrigens, 112, 113, 114, 121, 122, 127, 128
utensílio metalexical, 110
va be', 40, 47, 49, 50
va bene, 26, 30, 31, 32, 39, 40
valor condicional-contrastivo, 114
valor de verdade, 97
valor digressivo, 120, 128
valor enfático, 91, 99, 101
valor modal, 129
valor procedimental, 123
valor reforçativo, 120
valor refutativo-retificativo, 13, 91, 98, 99, 100, 101
valor retificativo, 120
valor semântico-pragmático, 94, 97, 99
variações co- e contextuais, 8, 107
vediamo, 39
verbo, 70, 86
verbo auxiliar, 91, 99, 101
voglio dire, 50
volevo dire, 49
vowel lengthening, 47

y además 78
y qué mas da, 87
y sin embargo, 78
ya que, 61, 62, 64, 65, 66

yes, 25, 28, 30, 33, 35, 36, 37, 38, 40, 42, 44, 48, 51, 92, 93
yuxtaposición, 59, 65, 66, 67
zudem, 113, 121, 122, 127, 128

www.ingramcontent.com/pod-product-compliance
Lightning Source LLC
Chambersburg PA
CBHW070453090426
42735CB00012B/2535